16년차 고수가 알려주는 소액경매 투자 비결

3천만 원으로 시작해서 건물주 되기
실전 경매

김세연 지음

VIVA체

부동산경매투자는 똑똑한 사람이 아니라
용기 있는 사람이 하는 것이다

    16년 전쯤, 남편이 시아버지에게 간의 70퍼센트를 기증하는 큰 수술을 했다. 당시 아들은 다섯 살이었다. 시아버지가 간경화로 많이 위독하셨기 때문에 남편이 간을 기증하는 수밖에 달리 방법이 없었다. 그땐 어려서 간 기증이 얼마나 위험한 일인지도 몰랐다. 그저 자식 된 도리를 다해야지, 하는 생각뿐이었다.

    그렇게 수술을 하던 날, 수술이 끝났다는데 남편이 수술실에서 나오질 않았다. 몇 시간이 지났을까, 가슴을 졸이고 있던 내게 전달된 한 마디.

    "쇼크가 있어서 좀 더 지켜봐야 할 것 같습니다."

    하늘이 무너져 내렸다. 다행히 남편은 수술실에서 나왔지만, 빠른 속도로 좋아지는 시아버지와 달리 회복 속도가 더뎠다. 남편이 깨어난 것만으로도 감사할 일이었지만, 그 후로 몇 개월 동안 남편 옆에 붙어 있어야 했다. 그러다 보니 맞벌이하던 우리 부부는 3개월간 수입이 한 푼도 없게 되었다. 기가 막힐 노릇이었다. 모아 둔 돈도 거의 없어서 겨우 하루하루를 버티고 있는데, 문득 다섯 살짜리 아들이 눈에 들어왔다. 나도 모르게 눈물이 터져 나왔다. 돈이 없으니 남편을 위해, 또 아들을 위해 아무것도 할 수 없다는 현실에 마음이 처참하게 무너져 내렸다. 그날, 나는 다짐했다. 다시는 이렇게 살지 않겠노라고. 반드시 돈을 벌어서 다시는 이런 비참한 처지가 되지 않으리라!

대출 받은 1,200만 원으로 경매에 뛰어들었다. 그날 이후 나는 경매 투자에 집중했고, 지금까지도 꾸준히 돈을 벌고 있다. 내 돈도 아닌 대출 받은 돈으로 리스크 없이 할 수 있는 일이 뭐가 있을까? 수천만 번을 고민했다. 장사를 해 볼까? 온라인 스토어를 해 볼까? 자격증을 따서 강사를 할까? 하지만 대부분 시간이 오래 걸리고, 시간을 투자해도 승산이 없거나 미래를 보장받기 어려운 일들이었다. 재고가 쌓이거나 순환이 안 되면 그걸로 끝장 아닌가. 그렇게 고민을 거듭하던 차, 우연히 눈에 들어온 것이 부동산이었다. 소액으로도 할 수 있는 부동산투자가 없을까? 어쨌거나 부동산은 등기부에 내 이름 석 자가 박히고, 형체가 없어질 일이 없지 않은가? 그렇게 부동산의 '부' 자도 몰랐던 나는 1억도 안 되는 지방의 24평짜리 아파트에 첫 투자를 했다. 그리고 아파트를 약간 수리하고 매매가보다 높게 전세가를 맞춰 돈을 불렸다. 그렇게 한 채, 또 한 채… 같은 방법으로 계속 경매를 해 나갔다. 시간이 흘러 매매를 할 때쯤에는 시세가 올라 더 큰 수익을 낼 수 있었다.

이렇게 투자 경험을 쌓다 보니 명확해지는 것이 두 가지 있었다. '돈'은 정말 중요한 것이다. 돈이 삶의 전부는 아니지만, 살아가는 동안 닥쳐올 수만 가지 어려움 앞에서 돈은 정말 큰 역할을 한다는 것. 그리고 내가 원하는 일, 내가 원하는 삶을 훨씬 쉽게 이룰 수 있도록 도와준다는 것이었다. 마음의 여유가 생기면 그전까지 스스로 조여 왔던 삶의 고삐를 늦추고 세상을 좀 더 여유롭게 바라볼 수 있다. 자식을 통해 대리만족을 하려는 욕구나 일이 잘못되었을 때 남을 원망하는 마음도 사라진다. 남을 돕는 것도 내가 먼저 단단히 버티고 서 있어야 가능하다. 돈이 많다고 해서 다 행복해지는 건 아니지만, 돈이 없어 현실적인 문제에 허덕일 때 행복감을 느끼기는 무척 어렵다.

또 하나 중요한 것은, '돈을 버는 방법을 알아야 돈을 벌 수 있다'는 사실이다. 이 세상에 부자가 되고 싶지 않은 사람이 어디 있을까. 하지만 제대로 된 방법을 찾아내는 사람은 그리 많지 않다. 막연히 앞만 보고 달리거나, 준비만 하고 꿈만 꾸다가 아까운 기회를 다 놓치는 경우가 대부분이다. 남의 이야기라고 지레 자포자기하는 경우도 많다. 책 내용을 통해 더 많은 이야기를 하겠지만, 잘못된 길로 열심히 가는 것은 어리석다. 조금 돌아가더라도 정확히 길을 알고 차근차근 앞으로 나아가야만 원하는 목적지에 도착할 수 있다.

특히 부동산에서 '경매'라는 영역은 많은 사람들이 선입견을 갖고 도전하기 어려워하는 재테크 분야 중 하나다. 하지만 경매는 한 번도 안 해 본 사람은 있어도 한 번만 해 본 사람은 없다고 할 정도로 누구나 도전할 수 있고, 또 무엇보다 재미있다. 내가 말하는 재미란 '돈 버는 재미'와 '나도 할 수 있다'는 성취감이다. 가난한 환경에서 평범한 직장인으로 열심히 살았던 내가 바로 그 산증인이다. 나는 지금도 경매가 재미있다. 이제는 내 재산만 불리는 것을 넘어, 나처럼 '부자'가 되려는 이들을 돕고 함께 부자가 되는 것이 내 꿈이자 재미가 되었다.

"경매는 누가 하는가?" 이 질문에 나는 늘 똑같이 대답한다. "현실을 변화시키고 싶어 하는 간절한 마음이 있는 사람!" 절대 똑똑한 사람만 경매를 하는 게 아니다. 꼭 부동산에 밝고 셈에 밝아야만 경매로 성공하는 것이 아니다. 누구보다 간절한 사람, 가진 돈은 적지만 도전해 보고 싶은 사람, 진짜 부자가 되고 싶은 열망이 있는 사람, 무엇보다 용기를 내어 한 발이라도 내딛는 사람. 그런 사람이 하는 게 경매다.

　지금도 남편의 가슴에 남은 20센티미터 흉터를 보면 그날의 기억이 생생하게 떠오른다. 이젠 모두 지난 일이 되었지만, 그날 이후 우리 부부는 서로를 끔찍이 위해 주고 챙기게 되었다. 그리고 그날 나를 바라보던 다섯 살짜리 아들에게 이제는 든든한 부모가 되어 줄 수 있다는 사실에 감사하다. 돈을 벌어야 하는 이유는 각자 다르다. 꿈을 이루기 위해서, 가족을 위해서, 미래를 위해서, 누군가를 돕기 위해서…. 그 모든 가치를 존중하고 응원한다. 그리고 반드시 이 책을 통해 진정한 부자, 멋진 부자의 대열에 서기를 바란다. 선입견을 버리고 용기를 내어 다가갈 때 '부富'는 나의 편이 되어줄 것이다.

2024년 10월, 강의실에서

목차

궁금한 건 경매 초일타 전문가 세연쌤에게 반드시 물어보기

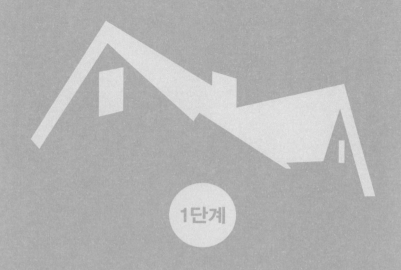

1단계

부자가 되기 위한
마음의 준비하기

자신의 미래에 대한 희망과 확신을 가지면
원하는 결과에 도달할 가능성이 훨씬 높아진다.
나는 '긍정'과 '끈기'가 떼려야 뗄 수 없는 관계라고 믿는다.
목표를 이룰 것이라는 낙관과 기대가 없다면
어떻게 끈기를 가질 수 있겠는가?

| 개리 바이너척(Gary Vaynerchuk)_
 순자산 2천억 원 이상 미국의 사업가, 베스트셀러 작가

인생에 세 번 오는 기회,
그중 한 번은 반드시 잡아라

"다른 분야도 아니고 왜 부동산에 투자하기로 마음먹었나요?"

여러 이유가 있지만, 제일 먼저 강렬한 동기를 심어 준 일이 오래전에 있었다.

나는 부산에서 나고 자랐다. 그리고 스물세 살이 되던 해에 단돈 50만 원을 들고 서울로 올라왔다. 50만 원으로는 할 수 있는 게 아무것도 없었다. 심지어 잠잘 곳도 없어 친구가 사는 반지하 원룸에서 함께 지냈다.

그때부터 나의 '열심히 사는 삶'이 시작되었다. 매일 일이 끝나고 반지하 방으로 돌아오곤 했는데, 그날도 일이 끝나고 밤늦게야 집으로 터덜터덜 돌아왔다. 현관문을 열고 들어가는데, 느낌이 좀 이상했다. 이상한 냄새, 어쩐지 싸한 느낌. 잔뜩 겁을 먹고 방 안으로 들어섰다. 아니나 다를까, 가구와 물건들이 모두 내동댕이쳐져 있고 집 안이 온통 엉망이 되어 있었다. '이게 어찌 된 일이지?'

알고 보니, 일면식도 없는 젊은 학생들이 한 짓이었다. 집이 반지하이다 보니 창문이 외부 길바닥에 노출되어 있었고, 비닐에 본드를 넣어 흡입한 아이들이 그 쓰레기를 방범창 너머로 던져 넣었던 것이다. 창문을 열고 손을 넣어 잡히는 물건을 모두 내던지고, 긴 막대기로 가구를 넘어뜨렸다. 흡입하다 남은 본드까지 창틀 사이로 방 안에 뿌려 놓았다. 내 나이 스물세 살, 지금 생각해도 끔찍한 일을 아직 어린 나이에 겪었으니 그 충격과 두려움이 어떠했겠는가. 그것도 타지에서. 그때 생각했다. '지하 원룸은 여자가 살기엔 너무 위험하구나.' 당장 이사를 가고 싶었지만, 지하에서 지상 원룸으로 올라가려면 보증금 2천만 원과 월세 15만 원이 더 필요했다.

'빨리 돈 벌어서 지상으로 올라가고 싶다….'

아마도 이 일이 내가 부동산에 대한 강렬한 열망을 품게 된 첫 사건이었던 것 같다. 결국, 열심히 돈을 모아 8개월 후 같은 건물 4층으로 이사를 했다. 지하에서 지상으로 올라간 것만으로도 감사한 일이었지만, 월세를 산다는 사실에는 변함이 없었고 세상의 벽은 높았다. 집으로 올라오는 길에 보이는 수많은 집들을 보며 '이렇게 많은 집 중에 내 이름으로 된 집이 하나도 없구나' 한탄했었다. 아무리 열심히 저축해도 통장에는 생각만큼 돈이 쌓이지 않았다. '이렇게 평생을 모아도 집 한 채를 살 수 있을까.' 서글픈 마음이 들었다. 그리고 기회가 된다면 꼭! 내 이름으로 된 집을 갖고 싶다는 생각이 강하게 차올랐다.

돈도 없고 빽도 없으니 기회를 잡아야 한다

나는 한 마디로 돈도 없고 빽도 없는 사람이었다. 부모님이 사 주신 집에 살며 그저 시집갈 돈이나 마련하려고, 용돈벌이나 하려고 직장에 다니는 부류와는 달랐다. 그래서 성공에 대한 욕구도 강했다. 하지만 아무런 배경도 없이 성공하기란 쉽지 않았다. 그때 내 마음에는 언젠가 책에서 읽은 한 구절이 희망으로 남아 있었다. 아니, 나는 그 말을 꼭 붙들고 있었는지도 모른다. 바로 '인생에는 세 번의 기회가 온다'는 것이었다.

아무리 가난한 사람도, 빽이 없는 사람도 공평하게 세 번의 기회를 가질 수 있다면 …. 세 번 중 한 번이라도 제대로 잡는다면 성공할 수 있다는 뜻 아닐까? 그 말은 나의 유일한 희망이 되었다. 중요한 건 내가 '그 기회를 붙잡을 수 있는 사람'이 되는 것이었다. 기회는 준비된 자에게만 온다고 하지 않는가. 나는 준비된 사람이 되어야겠다고 다짐했다. 언제 어디에서 그 기회가 올지 모르니 항상 무슨 일이든 열심히, 책임감 있게 해야 한다고. 그래야 기회를 잡을 역량과 실력을 갖출 수 있다고. 내게 와 줄 선물 같은 기회를 위해, 나는 책상 앞에 이렇게 적어 놓고 매일 되새겼다.

1. 무슨 일이든 피하지 않고 열심히 한다.
2. 내가 사장이라는 생각으로 책임감 있게 일한다.
3. 직장인으로 월급을 받고 일하면서 회사 운영과 시스템을 최대한 배우고 익힌다.
4. 반드시 좋은 결과가 나오도록 계획한다.
5. 책상에 앉아서 하는 학습보다 현장에서 실행하면서 배운다.

이 다섯 가지는 지금도 실천하는 중요한 덕목들이다.

"그래서 기회를 잡고 성공했나요?"

누군가 물으면, 나는 웃으면서 '그렇다'고 대답한다. 그 열쇠가 부동산경매였다. 어릴 적 마음에 품었던 간절한 열망에 열정이 더해지니 큰 파급효과가 일어났다. 나는 이 다섯 가지 덕목을 경매라는 종목에 살뜰히 적용했고, 마침내 기회를 잡아 꿈을 이뤄 나가는 삶을 살게 되었다.

그 과정에서 가장 크게 깨달은 것은 '내게 주어진 가장 큰 기회는 바로 시간'이라는 사실이다. 24시간은 누구에게나 똑같이 주어지지만, 그것을 어떻게 쓰느냐에 따라 우리의 미래는 완전히 달라진다. '시간'은 젊은이에게도 노인에게도 매일 성장할 수 있는 가장 큰 토대이자 무기다. 나는 지금도 시간을 아껴 쓴다. 그렇다고 삶의 재미와 여유를 내려놓았다는 뜻은 아니다. 하지만 항상 선택과 집중을 통해 내게 주어진 최고의 기회인 '시간'을 붙들려고 노력한다. 돈으로도 되돌릴 수 없는 것이 바로 시간이기 때문이다.

누구에게나 공평하게 기회가 주어진다면, 당신은 그 기회를 잡을 준비가 되었는가? 모두가 부자가 되고 싶다고, 그래서 행복해지고 싶다고 말하지만, 그 꿈을 다 이룰 수 있는 건 아니다. 세 번의 기회 중 한 번의 기회라도 붙잡고 싶다면, 우리는 준비해야 한다. 거창한 준비가 아니라, 내게 주어진 시간을 아끼고 기회를 잡을 실력을 갖추려는 노력 말이다. 반지하 방에 살던 스물세 살의 나는 지금 경매 전문가가 되어 부를 이뤄 가며 사람들과 그 방법을 공유하는 사람이 되었다. 내가 기회를 잡을 수 있었던 건 특별한 사람이어서가 아니다. 그래서 나는 모두 꿈을 가지라고 말한다. 나도 해냈으니, 누구든 할 수 있다고. 지금 바로 시작할 수 있다고 말이다.

"난 돈도 없고 빽도 없고 배운 것도 없어요. 그래도 할 수 있을까요?"

이렇게 묻는 사람에게 말해 주고 싶다. 그래서 그 기회를 더욱 꽉 붙잡아야 한다고. 세 번의 기회 중 한 번이라도 내 것으로 만들고 싶다면 무엇부터 해야 할까? 생각부터 바꾸어야 한다. 지금 나를 편협하게 만들고, 불안하게 만들고, 자신감 없게 만들고, 나태하게 만드는 생각들로부터 벗어나야 한다.

왜 아무나 부자가 될 수 없을까?

"나는 왜 이렇게 운이 없을까?"

어릴 때부터 그랬다. 주변을 둘러보면 항상 나보다 운 좋은 사람들이 많았다. 어떻게 저들은 별로 공도 들이지 않았는데 쉽게 이득이 주어지는 걸까. 하나를 원했는데 왜 두 개, 세 개가 덤으로 딸려오는 걸까. 그들에 비하면 나는 항상 딱 노력한 만큼 결과가 나왔다. 우연히 맞히는 문제가 없었기에 열심히 공부해야만 그만큼의 점수가 나왔고, 공짜로 얻어지는 것이 없으니 열심히 일해야만 그만큼의 대가를 얻을 수 있었다. 시간이 많이 흐르고 어른이 되어 돌아보니, 나는 어느새 '무엇이든 열심히 하는 사람'이 되어 있었다.

사람들이 "꿈을 높게 가지세요!"라고 말하면, 나는 "꿈을 높게 가지되 그걸 이루기 위해 반드시 행동으로 움직이고 최선을 다해야 해요!"로 이해했다. 그렇게 차곡차곡 노력이 쌓이고 그 노력이 습관이 되면서, 나는 삶의 한 가지 진리를 터득하게 되었다. 항상 나보다 많은 행운을 차지했던 사람들이 시간이 흘러서 반드시 부자가 되지는 않는다는 것. 뜻하지 않은 행운을 얻은 만큼 반드시 행복해지는 건 아니라는 사실이다. 오히려 그 어떤 것도 공짜로 얻을 수 없었던 불운의 순간들이 나를 '노력하는 사람'으로 만들었으니, 결과적으로 내가 가장 '행운아'가 아닐까 하는 깨달음!

게다가 항상 주어진 환경에서 최선을 다해 노력하면서, '노력의 방향'을 잘 맞추는 것이 얼마나 중요한지도 깨달았다. 서점에 가 보면 언제나 '부자'가 되는 방법들이 넘쳐난다. 평생 월급을 모아도 집 한 채를 장만하기 힘든 게 현실이다 보니, 사람들은 다양한 재테크로 부를 쌓으려고 치열하게 매달린다. 그러나 잘 알다시피 그런 책들을 보고 아무리 따라 한다고 해도 모든 사람이 부자가 되는 건 아니다. 물론 공부를 한 사람과 안 한 사람, 다양한 시도를 한 사람과 안 한 사람은 다르다. 실패도 성공의 디딤돌이 되기에, 알고 행동으로 옮기며 시행착오의 과정을 겪는 건 반드시 도움이 된다. 하지만 '노력'을 빼놓고는 삶을 이야기할 수 없는 나의 경험에 비춰 볼 때 공부도, 치열한 시도와 노력도 결국 방향이 틀리면 많이 돌아가는 헛수고를 경험할 수밖에 없다. 부를 쌓는 것도 결국 시간 싸움이 아닌가. 짧은 시간 안에 더 많은 부를 얻으려면 무작정 노력만 해서는 안 된다. 올바른 방향을 설정하고 그 방향으로 최선을 다해 달려가야만 최종 목표에 골인할 수 있다.

나는 대학에 편입하느라 직장에 다니면서도 늘 공부를 했다. 그래서 4시간 이상 자 본 적이 거의 없다. 그렇게 공부를 하는 습관이 몸에 배긴 했지만, 정작 '돈을 벌고 경제적 자유를 얻기 위해서는 어떤 공부를 해야 할까?'라는 질문에 대한 답은 쉽게 얻어지지 않았다. 자격증을 따서 승진 기회를 노려야 하나? 자기계발을 열심히 하다 보면 기회가 올까? 그냥 돈이 된다는 재테크 종목에 모두 도전해 볼까? 그렇다면 남들처럼 무작정 베스트셀러를 펼쳐 들고 공부해 볼까? 그 분야에 능통하다는 사람들을 쫓아다니다 보면 기회가 눈에 들어오지 않을까? …

오랜 고민 끝에 내린 결론은 "공부를 하되, 돈이 되는 공부를 하자!"였다. 자격증은 말 그대로 그냥 자격을 얻기 위한 공부다. 어떤 사람들은 10년, 20년을 자격증 따는 데 쏟아붓기도 한다. 그러나 자격증만 따면 뭐 하나? 자격증을 땄다고 저절로 부자가 되지는 않는다. 그래서 나는 '부를 축적하는 데 필요한 공부'를 하기로 했다. 아무리 경험이 많고 이미 부자가 된 사람이라도 그들이 나를 부자로 만들어 주는 건 결코 아니다. 결국, 내가 원하는 삶은 나 스스로 찾아 나서야 하고, 나에게 가장 잘 맞는 방법을 스스로 터득해야만 한다. 다른 이들의 말을 참고하고 전문가들의 조언을 기준으로 삼되, 부자가 되어야 할 '주체'인 나 스스로 노력의 방향을 맞추며 나아가는 게 중요하다.

나는 경매와 전혀 무관한 전공을 했지만, 지금은 경매를 통해 꿈을 실현해 나가고 있다. 부를 쌓는 것은 물론 다른 사람이 부자가 되는 것을 돕고, 전문가로서 이 분야에 관심이 있는 사람들을 교육한다는 자아실현 또한 이뤄 가고 있다. 부동산 재테크로 돈을 벌고 싶다는 소박한 생각에서 출발한 나의 꿈은 노력에 노력을 거듭한 나를 배신하지 않고 여기로 데려왔다.

나 역시 처음에는 컨설팅을 받을 수밖에 없었다. 하지만 매번 비싼 수수료를 낼 수 없을뿐더러, 내가 이 분야를 잘 모른다면 정확한 판단을 내릴 수 없으리란 생각에 적극적으로 공부를 시작했다. 처음엔 조금 어렵기도 했지만, 처음부터 쉬운 건 그 어떤 것도 없으니까. 다행히 부동산, 특히 경매라는 분야는 생각보다 훨씬 흥미로웠고 알면 알수록 호기심이 생기고 재미있었다. 내가 공부해서 알게 된 것을 입문자들도 조금 더 쉽게 알 수 있도록 해 준다면 얼마나 좋을까? 나처럼 이 분야에 완전 초짜인 사람들조차 장벽 없이 접근하게 할 수 있다면 얼마나 좋을까?

경매와 관련된 강의를 활발하게 하고, 영상 촬영에 글쓰기와 관련 독서 공부까지… 매일 쉴 새 없이 바쁘게 돌아가는 삶을 사는 나를 보며 '저 사람은 무척 특별한 것 같아'라고 생각하는 사람들이 많다. 하지만 나는 그저 다른 사람들처럼 노력해야만 무언가를 얻을 수 있는 평범한 사람일 뿐이다. 다만, 대출 받은

1,200만 원이라는 턱없이 적은 금액으로 무모하게 이 시장에 뛰어들었고, 시작했으니 꼭 성공하겠다는 각오로 열심히 달려와 지금에 이르게 되었다. 이제는 1억 2천을 가지고 출발하는 사람보다 1,200만 원으로 더 성공적인 투자를 할 수 있다는 자신감을 갖게 된 것이 차이라면 차이일 것이다. 악바리 근성으로 얻어 낸 이러한 노하우는 나의 가장 큰 자산이라고 할 수 있다.

"나는 부자가 되고 싶은데 정말 운이 없어요."
"부자는 하늘이 점지해 주는 것 같아요. 난 아무리 노력해도 안 돼요."
"가진 게 아무것도 없는데, 엄두조차 안 나요."

이렇게 말하는 사람들을 만날 때마다 나의 과거 이야기를 들려주곤 한다. 재테크를 시작할 만큼 여유로운 자금, 뜻하지 않게 주어지는 행운, 힘들 때마다 척척 도움을 주는 기댈 만한 사람… 이런 게 없어도 우리는 성공할 수 있고, 부자가 될 수 있고, 마침내 '행복한 부자'가 될 수 있다. 경매는 최소한의 자본으로도 얼마든지 가능하다. 행운이 없다면 노력의 힘을 믿어라. 단, 그 방향을 정확하게 맞추고 최선을 다해 달려야 한다.

누구에게 기댈 생각은 버리자. 스스로 길을 찾겠다는 각오를 다지자. '멋진 삶'은 절대 그냥 주어지지 않는다. 다들 부자를 꿈꾸지만 아무나 부자가 될 수 없는 건, 행운만 바라면서 환경을 뛰어넘을 노력을 하지 않기 때문이다. 현실을 원망하고 불평하는 대신에, 바로 지금 펜을 들고 공부를 시작해 보자. 미래를 바꾸고 싶다고 말하면서, 지금까지 살아온 방식을 그대로 고집하는 건 어리석은 일이다. 미래를 바꾸는 힘은 지금 이 순간을 변화시키려는 노력에서 나온다는 사실을 잊지 말자.

돈이 붙는 사람 vs
돈이 떠나는 사람

수업 시작 직전. 교육생 한 명이 숨을 헉헉대며 강의실로 들어왔다. 얼굴에는 잔뜩 짜증이 묻어 있었다. 나는 조심스럽게 물었다.

"오시는 길에 무슨 일이라도 있으셨어요? 많이 힘들어 보이세요."

"에휴…, 지하철을 타고 오는데 노트북이 너무 무거워서 아주 혼났어요. 이걸 들고 앉아 있는데 '내가 무슨 부귀영화를 누리겠다고 이 고생을 하나' 싶어 회의감이 몰려오더라고요. 게다가 오는 길에 계단은 또 왜 그렇게 많은지…. 힘들어 죽겠다 싶은 생각만 들더라고요."

"그러셨구나…. 정말 힘드셨겠어요. 하지만 그렇게 힘든 순간들은 절대 우리를 배신하지 않을 거예요. 나중에 좋은 결과가 반드시 올 거고, 그땐 오늘을 생각하며 자신을 칭찬하실 거예요."

내 말에 그제야 그분은 웃음을 보이며 수업 준비를 했다. 그녀를 보니 옛날 내 모습이 떠올랐다.

보통 아줌마들은 짐이 많다. 게다가 나는 차도 없고 양손엔 오래된 물건들이 수두룩한 아줌마였다. 오래되고 무거운 노트북, 다른 한 손에는 하루를 버티기 위해 담은 이런저런 물건과 노트, 필기구로 가득한 에코백. 어깨에 멘 작은 가방 안에는 핸드폰과 지갑까지…. 그걸 모두 들고 동선이 긴 지하철을 타고 계단을 오르내리노라면 다리가 쉴 틈이 없었다. 어깨와 다리는 아프지, 사람이 많아서 앉을 좌석도 없을 때면 사람들 사이에 끼여 얼마나 진땀이 나던지…. 그런 시절을 겪은 나이기에 그 수강생의 말이 충분히 이해가 되었다.

하지만 그때 나는 그 누구보다 간절함이 컸던 것 같다. 그리고 그 간절함은 내 현실과 관계없이 언제나 긍정적인 생각을 만들어 냈다. 노트북이 오래되어 무거웠지만 그걸 바꿀 돈도 없었고, 경매 공부를 하려면 반드시 노트북이 있어야 했다. 그래서 그 크고 무거운 걸 들고 지하철도 타고, 버스도 타고 다녔다. 노트북이 있어야 경매 물건을 검색하고, 수익률표도 돌려 볼 것 아닌가. 낡고 무거운 노트북이라도 있어서 얼마나 다행이었던지. 그 무거운 걸 들고 다닐 힘이 내게 아직 있어서 얼마나 감사했던지. 어디가 아프거나 허약했다면 하고 싶은 공부도 못하고 무거운 노트북을 들고 지하철을 오르내리지도 못했을 것이다. 몸은 힘들어도 이 계단들을 오르면 지금보다 나은 삶이 기다리

고 있다! '이 계단은 부자로 가는 길이다.' 그렇게 생각하니 모든
걸 거뜬히 견뎌 낼 수 있었다.

대출 받은 1,200만 원을 120억으로 만드는 긍정의 기적

만약 그때 내가 몸이 힘들다는 이유로 포기했다면 지금 어떻
게 되었을까. 만약 그때 내가 막막한 현실과 팍팍한 환경을 탓
하며 하루하루 회의감에 빠졌다면 어떻게 되었을까. 상상하고
싶지도 않다.

'긍정의 힘'은 정말 흔하게 쓰는 말이지만, 실제로 그 힘을 믿
는 사람이 얼마나 있을까 싶다. 내가 읽은 책에서 가장 공감했
던 말 중 하나는 "긍정과 부정은 하나의 마음에 있을 수 없다"
는 것이었다. 맞는 말이다. 내 마음에 부정적인 생각이 조금이
라도 있다면 그 마음에는 긍정적인 마음이 자리할 수 없다. 설
사 있다고 해도 결국 부정적인 생각에 지배당하고 만다. 반대로
긍정적인 생각이 자리하고 있다면 부정적인 생각이 그 마음에
파고들기는 힘들다. 긍정이 기적을 불러오고 부정이 실패를 가
져다준다는 이 간단한 삶의 공식을 알면서도 우리는 왜 긍정적
인 생각만 하지 못하는 걸까? 그건 '부정적인 생각'을 하는 게
훨씬 쉽고 편하기 때문이다.

열심히 직장 생활을 해서 1천만 원이라는 돈을 모았다고 해
보자. 똑같은 돈을 가지고도 어떤 사람은 "아무리 열심히 해도

수중에 천만 원밖에 없는데 이렇게 살아서 뭐하겠어요? 부자는 꿈도 못 꾸죠."라고 말하고, 어떤 사람은 "제가 최선을 다해 천만 원을 모았는데, 이걸로 도전해 볼 수 있는 게 있을까요? 기회가 있다면 어떻게든 해 보고 싶어요."라고 말한다. 짐작할 수 있듯이, 앞의 사람은 내가 아무리 좋은 방향을 설명해 주어도 계속 결과를 의심하고 주저하고 행동으로 옮기지 않는다. 그러나 뒤의 사람은 작은 조언에도 감사하고 반짝거리는 눈으로 하나라도 더 얻어 가겠다는 의지를 보인다. 어떤 사람을 돕고 싶은가? 긍정적인 사람에게 더 마음이 가고, 그 사람을 더 돕고 싶은 게 인지상정이다.

긍정의 힘이 기적을 불러온다는 건 매우 과학적인 순환의 인과관계이다. 긍정적 삶의 태도는 좋은 사람들을 끌어오고, 돕고 싶다는 마음을 불러일으킨다. 부자가 되겠다며 나를 찾아오는 사람들 중에도 힘든 환경 속에서도 열심히 사는 사람들이 있다. 그런 사람들을 보면 나도 최선을 다해 가야 할 방향을 알려주려고 노력한다. 또한, 긍정적인 생각을 하는 사람에게는 부정적인 생각과 기운이 절대 엄습할 수 없다. 설사 실패의 순간을 맞아도 다시 일어설 수 있는 용기가 솟고, 주어진 것에 감사하는 마음이 그다음 기회를 만들어 낸다. 그래서 긍정의 힘이 기적을 불러온다고 하는 게 아닐까.

부동산이라는 재테크 분야는 여러 규제 변화로 인해 자주 혼란을 겪는다. 그래서 교육을 하다 보면 변화하는 상황에 따라 많이 불안해하고 끝없이 의심하는 사람들을 보게 된다. '지금 이게 잘하고 있는 걸까?' '이래서 부동산투자는 위험해.' 반면에, 투자로 돈을 벌고 결국 부자가 된 사람들은 그런 순간에도 '이 상황에서 좀 더 안전하게 투자할 방법을 찾아보자.' '이 변화가 장기적으로 이점으로 작용하는 건 뭘까.' 등등을 생각하며 긍정적으로 방향을 전환한다.

나는 긴 시간 이 분야에서 한길을 걸으며 수많은 기적을 경험했다. 그 기적들은 분명 규제 변화뿐 아니라 다양한 상황 변화들을 이겨 내고 이룬 기적들이었다. 대출 받은 1,200만 원으로 시작해 1억 2천만 원, 12억, 120억, 그리고 그다음 목표까지… 이렇게 걸어온 길에 얼마나 많은 변화가 있었겠는가. 부동산 규제도 여러 차례 바뀌고, 투자 트렌드 역시 수없이 바뀌었다. 그렇다고 해서 그런 변화들이 나를 실패하게 만들었을까? 결코 그렇지 않다.

생각의 차이가 곧 결과의 차이다. 부정적인 생각은 가난이라는 결과를 만들어 내고, 그것은 곧 불행으로 이어진다. 돈이 많아야 반드시 행복하다는 말을 하려는 게 아니다. 부자가 되고 싶은데 계속 가난에 머무는 사람은 불행하다는 뜻이다.

누군가 내게 물었다.

"대표님, 돈이 붙는 사람과 돈이 떠나는 사람이 따로 있나요?"

나는 답한다.

"당연히 따로 있지요!" 그건 곧 긍정의 힘을 믿는 사람과 그렇지 않은 사람이다. 지금 이 글을 읽으면서도 누군가는 분명히 이렇게 생각할 것이다. '누구나 다 하는 말이잖아!' '진짜 그렇게 적은 돈으로 돈을 번다고?' 하지만 이렇게 생각하는 사람도 있을 것이다. '나도 한번 해 볼까?' '나도 열심히 하면 잘할 수 있을 것 같아.' 과연 돈이 어느 쪽 편이 되어 줄까.

부자가 되고 싶다면 마음가짐부터 바꿔라. 가장 먼저 해야 할 일이 바로 '마인드'를 바꾸는 일이다. 긍정의 마인드를 빨리 장착할수록 돈이 붙는 속도에 가속이 붙는다. 부정적인 생각이 엄습할 때마다 그것을 긍정적인 생각으로 전환하는 자기만의 리턴 스위치를 만들어 보는 것도 좋다. 내가 돈을 좇지 않아도 돈이 알아서 나를 좇아오게 하고 싶다면, 나를 지배하는 부정적인 생각부터 떨쳐 버리길. '긍정적인 생각과 태도'는 절대 나에게 손해를 끼치지 않는다. 이 간단한 공식을 믿어 보길 바란다.

돈은 모으는 게 아니라
불리는 것이다

하루는 지인이 찾아와 갑자기 폭탄선언을 했다.

"지금까지 모아 둔 돈을 찾아서 남편과 1년 동안 세계여행을 하고, 하고 싶은 것 다 해 보고 오기로 했어."

원래 자유분방한 성격에 내키는 대로 지르는 사람이었다면, 이 발언에 그리 놀라지 않았을 것이다. 내가 알기로 그녀는 직장 생활을 시작한 후 거의 15년 동안 단 한 달도 쉰 적이 없고, 모으는 족족 최소한의 생활비를 제외하고는 모두 저축한 성실의 표본 같은 사람이었다. 결혼한 후에도 마을버스 종점 근처 오래된 빌라에 전세를 얻어 살면서, 돈을 모으느라 자녀 계획까지 늦추었다. 친구들끼리 모이면 12개월 할부로 꼭 하나는 산다던 명품 가방 하나, 제대로 된 구두 하나 사 신지 않고 저축에 목숨 걸던 그녀였다. 그런데 여러 개 되는 적금통장을 모두 깨서 세계여행을 하겠다니, 이게 무슨 일인가.

세계여행을 한다는데 설레는 얼굴이 아니라 잔뜩 우울한 얼굴이기에 마주 앉아 한참 이야기를 들어 주었다. 특별한 사연이 있을 줄 알았는데, 그렇지도 않았다. 그저 "모든 게 허무해졌다" 는 것이다. 아무리 열심히 모아도 집 한 채 사기도 만만치 않고, 통장에 쌓이는 돈이 오르는 물가와 집값을 도저히 따라갈 수가 없다는 걸 어느 순간 알게 되었다고. 게다가 이젠 정말 아이를 낳아야 할 때가 왔다. 그때부터는 아이의 미래를 위해서라도 더 허리띠를 졸라매야 하는데, 도대체 얼마나 더 졸라매야 하느냐 는 것이다. 이러다간 숨이 막혀 죽을지도 모르겠다며 하소연을 했다. 차라리 세계여행을 하며 소원이라도 풀어 보고 싶다고. 다 아는 이야기이고, 상담이나 강의를 하면 정말 많이 듣는 사연이지만 새삼 더 크게 다가왔고 이해도 되었다. 나 역시 별반 다르지 않았기 때문이다.

과거 나는 '저축'에 둘째가라면 서러울 정도로 열심인 사람이었다. 나는 생각했다. '차곡차곡 곡간에 곡식을 쌓다 보면 어느새 부자가 되어 있겠지.' 물론 저축을 안 하는 것보다는 하는게 훨씬 낫고, 합리적으로 소비하고 나머지를 저축해 나가는 건 맞다. 하지만 저축액이 물가상승률과 오르는 집값을 따라잡지 못하는 것이 사실이다. 우리가 받는 월급은 물가를 절대 따라잡지 못한다. 어느 순간부터는 월급이 동결되거나 오르는 속도가 더뎌질 때가 온다. 그런데 아이는 커 가고 생활수준은 높아져 지출은 오히려 늘어날 수밖에 없다. 예금 풍차 돌리기, 돼지 저금통에 잔돈 모으기, 통장 여러 개 만들어 소액 적금 들기… 나도 온갖 방법을 다 동원해 봤지만, 시간이 지나도 돈은 모이지 않았다. 힘들게 모은 돈은 꼭 허망하게 생활자금이나 급한 곳에 쓰이기 마련이었다. 긴 시간 기울인 노력이 한순간에 날아가는 것을 보며 한숨 지은 적이 여러 번이었다. 그러는 사이 나를 위한 시간적 여유나 평소 원하는 것을 해 볼 기회는 더더욱 사라지고 있었다.

자연스레 이런 의문이 들었다. '과연 돈을 이렇게 모아서 부자가 되는 게 맞을까?' 대체 집이 몇 채인 사람들은 어떻게 그럴 수 있는지, 월급쟁이들이 부자가 되고 좋은 집과 좋은 차를 타고 다니는 건 어떻게 된 일인지, 도무지 이해가 가지 않았다. 이 의문이 밤이고 낮이고 사라지지 않았을 때 '진짜 부자'들에게 관심을 갖고 그들을 연구하기 시작했다. 그리고 도달한 결론은 바로 이것이었다.

'돈은 모으는 것이 아니라 불리는 것이다!'

열심히 일하고 가난하게 사는 건 미덕이 아니다

《레버리지》를 쓴 저자 롭 무어는 책에서 이렇게 말했다.

"나는 열심히 일하는 것이 미덕이라고 생각했다. 내 아버지도 같은 믿음을 가지고 열심히 오랜 시간 일해서 착실하게 가정을 꾸려 온 분이다. 학교에 다닐 때는 열심히 공부해서 좋은 성적을 얻었고, 아버지가 운영하던 술집에서 바쁘게 일했다. 그러나 그런 노력으로는 돈을 벌 수 없었고 자유로운 시간을 얻을 수 없었다. 겨우 최저 수준의 소득을 유지할 뿐이었다. 나를 발전하지 못하게 한 것은 사회적 편견과 레버리지에 대한 무지였다."

여기서 레버리지란 '지렛대'를 의미한다. 부자가 되는 것에 관심이 있는 사람이라면 '레버리지 효과'에 대해 들어 보았을 것이다. 무거운 짐이나 바위를 그냥 들려면 힘들지만, 지렛대를 이용해 밟아서 올리면 가볍게 올라간다. 그런 원리를 이용해 돈을 불리는 것이다. 적은 돈을 차곡차곡 모으는 것이 아니라 적은 돈을 지렛대를 이용해 불리고, 불린 돈을 다시 불리고 또다시 불려서 상상할 수 없을 만큼 큰돈으로 만들어 나간다. 진짜 부자들은 처음부터 큰돈을 가지고 부자가 된 것이 아니라, 대출이나 부채를 이용해 레버리지 효과로 재산을 계속해서 불려 나가고 있었던 것이다.

특히 부자가 된 사람들은 저마다 레버리지 효과를 내는 방법들이 있었는데, 나는 주변에 부동산으로 부자가 된 사람들이 있어서 그쪽으로 눈을 뜨게 되었다. 안 해 봤으니 아는 게 전혀 없고 어떻게 해야 할지 감도 잡히지 않았지만, 평소 조금이라도 관심이 있던 분야가 부동산이었기에 더욱 집중을 해 보자고 결심했다. 솔직히 어떤 분야이든 마찬가지 아닌가. 주식이 됐든 코인이 됐든 또 다른 재테크 분야가 됐든, 시작은 어렵고 생소하기 마련이다. 그 단계를 넘어가는 게 중요하다.

그렇게 부동산을 파기 시작했는데, 그중에서도 경매라는 게 있다는 걸 알게 됐다. 굉장히 매력적으로 느껴졌다. 소액으로도 가능하고, 무엇보다 대출을 많이 활용할 수 있다는 점이 메리트였다. 대출 레버리지를 이용해 수익률을 극대화하고, 낙찰과 매도를 반복하며 수익을 늘려 가며 꾸준히 투자했더니 자산이 불어나는 속도에 가속이 붙었다. 말 그대로 '모으는' 게 아니라 '불리는' 재미를 보게 된 것이다.

사람들은 선뜻 시도하지 못하고 묻는다. "부동산은 규제가 자주 바뀌어서 불안하지 않나요? 그래도 저축이 가장 안전할 것 같은데…." 물론, 그런 분들에게 억지로 내 경험을 강요하지는 않는다. 다만, 나는 롭 무어가 얘기한 것처럼 '휠체어 탄 부자'가 되고 싶지 않았기에 모으기 대신에 불리기를 선택한 것이다. 특히 소액으로 투자하는 이들에게 규제나 정책 변화는 큰 의미가 없다. 변화에 대응하기보다는 나만의 방법을 터득해 나가는 게 더 확실하고 빠른 방법이다. 경매라는 분야에서 성공 경험을 쌓고 투자를 하다 보면 지역의 입지, 시세 등 부동산과 관련한 다양한 시각이 길러지므로 이 분야에 국한되지 않고 투자를 할 수 있게 된다. 결국, 경매는 '부자에 눈을 뜨게 되는 첫 열쇠'가 될 수 있다. 소액투자로 성공 경험을 자꾸 축적하다 보면 용기가 생기고 더 과감한 도전을 할 수 있게 된다. 실제로 내 교육생들 중에는 경매로 시작해 급매, 재개발, 분양권, 더 나아가 일반 부동산까지 모든 투자 종목에 눈을 뜨게 된 사람들이 많다.

부자가 되지 못하는 건 저축을 열심히 하지 않아서가 아니다. 내 안의 가능성을 믿고 과감하게 도전하지 않아서다. 운명은 찾는 자에게만 기회를 주고, 그 문을 열어 준다. 그 안으로 한 발 내딛는 용기가 필요할 뿐이다. 시간은 돈이 늘어나는 액수와 비례하지 않는다. 시간을 효율적으로 쓰면서 돈을 불려 나가는 것이 평범한 사람이 부자 대열에 낄 유일한 방법이다. 그리고 그건 결코 불가능한 일이 아니다.

부자는
실패를 두려워하지 않는다

이 세상에 실패를 두려워하지 않는 사람이 있을까. 아무리 다양한 경험을 하고 숱한 어려움을 딛고 성공을 이룬 사람이라 할지라도 실패는 언제나 두려울 수밖에 없다. 다른 사람에 비해 성공 경험이 훨씬 많다고 할 나 역시도 여전히 실패할까 봐 두렵다. 그래서 개발한 나만의 실패 극복법이 있다. 어느 순간부터 실패를 다른 말로 바꾸어 부르기 시작한 것이다. 어떤 경우에는 '실수'로, 또 어떤 경우에는 '성공 과정'으로 말이다.

경매를 하면서도 예상치 못한 일들이 종종 벌어진다. 당연히 이 정도 대출은 나오리라 예상하고 입찰에 들어갔는데 생각한 만큼 대출이 나오지 않는다면 어떻겠는가. 경매를 해 본 사람이면 알 것이다. 실망을 넘어 절망감이 들 것이다. 나도 교육생들과 함께 경매를 하면서 이런 경험을 한 적이 있다. 그때 나는 그 교육생을 격려해 주며 말했다. "이 실수는 다음 경매의 완성도를 갖추기 위한 경험입니다." 적어도 앞으로는 대출 때문에 실수할 일은 절대 없을 것이니 말이다. 돌다리도 두들겨 보고 건너라고, 이제부터 미리 잘 알아보고 입찰하지 않겠는가. 말이 나왔으니 말이지만, 입찰 전에는 꼭 대출이 나오는지 경락대출 상담사에게 확인하고 입찰에 들어가야 한다.

이런 경우도 있다. 막상 낙찰이 되어 소유권 이전까지 했는데 명도를 못 하는 상황이다. '에이, 그쯤은 쉽게 하겠지'라고 생각했는데, 막상 해 보니 생각보다 과정이 힘들어서 지칠 수 있다. 그럴 때 '정말 경매는 나랑 안 맞네', '이번 건 진짜 망했네', '잘못 걸렸어'라고 생각하면 그다음부터는 힘들어진다. 그런데 이 상황을 딱 한 번만 극복했다고 해 보자. 그러면 그 경험은 실패가 아닌 '성공 경험'이 될 수 있다. 아주 어려운 상황을 극복했으니 다음번에는 어떤 경우를 만나도 해결할 자신감이 생길 것이다. 어려운 수학 문제를 한번 풀고 나면 어지간한 문제는 쉬워지듯 말이다.

한 가지 예를 더 들어 보자. 물건을 낙찰받고 임대를 내놓으려고 하는데 생각만큼 수익이 나지 않는 경우이다. 전세가나 월세가가 생각보다 낮아서 수익이 나지 않는다면? 이 역시 '큰 배움의 계기'로 삼을 수 있다. 멀리 보면 모든 게 과정이다. 앞으로는 매매, 전세, 월세 시세를 더 꼼꼼하게 파악하고 조사해서 절대 이런 일이 생기지 않게 할 테니 말이다. 어떤 벽에 부딪혔을 때 그것을 곧바로 '실패'로 단정짓고 마음을 접는다면 앞으로는 좋은 기회를 잡기 힘들어진다. 이미 마음속에 실패가 강한 트라

우마로 자리 잡아 두 번 다시 용기를 낼 수 없게 되기 때문이다.

실패 사이클을 돌아본 사람이 부자가 된다

나는 실제로 교육생들에게 실패 사이클을 돌아보라고 조언한다. 그 한 번의 사이클 속에서 얼마나 많은 일들이 일어나는가. 그러니 그 속에서 더욱 단단해질 수밖에 없다.

보통 입찰에 들어가기 전에는 마음이 붕 뜨기 마련이다. 물건을 찜했으니 빨리 들어가 낙찰을 받겠다는 생각에 많은 걸 놓치기 일쑤다. 하지만 경매에서는 중요하지 않은 요소들을 빠르게 점검해서 판단하고, 진짜 중요한 요소들을 꼼꼼하게 챙기는 사람을 이기기 힘들다. 스스로 '이 정도면 내가 알아야 할 중요한 요소는 다 챙겼다'는 확신이 든다면 앞에서 말한 실패는 거의 일어나지 않는다. 그러나 그럼에도 불구하고 실패는 언제나 일어나기 마련이다. 우리의 할 일은 그 경험에서 '배움'을 얻는 것이다. 그래야만 실패가 나만의 노하우로 바뀌고, 자연스럽게 문제에 대처하는 다양한 방법을 터득하게 된다.

이 실패 사이클을 돌 때마다 지혜를 얻고 더욱 현명해지는 사람이 있는가 하면, 한 단계 한 단계 힘겹게 넘어가며 열의를 잃고 마음의 문을 닫아 버리는 사람도 있다. 그래서 나는 사람들에게 긍정적인 이야기만 하지 않는다. 오히려 냉정하게 조언하는 편이다. 무조건 낙관적인 그림을 보여 주기보다는 '이런 일도 충분히 벌어질 수 있다'는 것을 알려 주는 것이다. 알면 조금 더 신중할 수 있고, 일이 벌어진 후에도 충격을 덜 받을 테니까.

　진짜 부자들은 이러한 실패의 사이클을 수없이 경험한 사람들이다. 다만, 그들은 각 단계를 지날 때마다 그 시간을 허투루 쓰지 않은 사람들이다. 그들도 실패를 두려워하고 망설였겠지만, 실패의 순간도 배움을 얻는 보석 같은 경험으로 여겼을 뿐이다. 부자가 되는 데 필요한 단단한 멘탈과 유연성은 모두 실패의 과정을 거치며 길러진다. 부자는 아무나 되지 않는다고 말하는 이유가 여기에 있다. 멀리 보고 가는 사람에게는 모든 것이 과정이다. 일희일비하지 말고 실패를 뛰어넘겠다는 강한 의지를 다져야 한다.

'그냥 부자'가 아닌
'멋진 부자'가 돼라

부자가 되기 싫은 사람은 없다. 부자가 되면 돈에 구애받지 않고 원하는 일을 할 수 있고, 좋은 차와 좋은 집에, 언제든지 갖고 싶은 걸 가질 수 있다. 그런데 그런 부자는 많지만 사실상 '멋진 부자'는 잘 보이질 않는다. 그렇다면 멋진 부자란 어떤 사람들일까.

멋진 부자들과 이야기를 나눠 보면 그들은 결과보다는 과정에 대해 더 많은 이야기를 한다. '저 사람 무슨 차 타고 왔어', '관리 잘해서 외모가 정말 좋아', '저 사람 어디에 산대', '머리부터 발끝까지 명품으로 둘렀어.' 이런 말은 잘 하지 않는다. 부의 결과물에 집중하는 것이 아니라 '어떻게 부자가 되었는가'에 더 많은 관심을 둔다는 뜻이다. 그래서 멋진 부자들과 대화하다 보면 많은 것을 배우게 된다. 누가 시키지도 않았는데 스스로 노력하고, 남들이 가지 않은 길을 헤쳐 나가면서 실패와 성공의 경험을 쌓으며 부자가 된 사람들. 그들의 이야기를 듣다 보면 앞으로 어떻게 살아야 할지, 어떻게 하면 좀 더 멋지게 살 수 있을지, 더 나아가 그냥 부자가 아닌 멋진 부자가 되려면 어떻게 해야 할지 등을 자꾸 상상해 보게 된다. 진짜 멋진 부자는 겉모습을 치장하지 않아도 그 말과 행동에서 멋짐이 뿜어져 나온다. 항상 멈춰 있지 않고 성장하는 모습을 보이기 때문이다. 그 모습에서 영감과 자극을 얻는다면 부자가 될 준비가 된 것이다.

한번은 부산에 특강이 있어서 갔는데, 예전에 교육을 해 줬던 30대 초반의 경매 초보자 C씨를 다시 만났다. 그는 울산에 사는데 주말마다 올라와 수업을 들었고, 쉬는 날이면 임장臨場(현장 조사)을 하면서 서울의 빌라를 낙찰받기 시작했다. 그리고 언제부턴가 지방 쪽에 본격적으로 투자하기 시작했는데, 어느덧 적지 않은 자산가가 되어 되었다. 오랜만에 C씨를 만나 반가운 마음에 인사를 나눴다. 그런데 어쩐지 그의 모습이 예전보다 훨씬 멋있어 보이는 것이다. 단순히 돈을 많이 벌어 외모가 멀끔해진 차원이 아니라, 사람 자체에서 뿜어져 나오는 분위기와 행동, 말투가 전보다 훨씬 품위 있고 정돈되어 보였다.

"요즘 어떻게 지내세요?" 나의 질문에 그는 이렇게 대답했다. "여전히 열심히 배우고 있습니다. 아직 초보이니 더 많은 경험을 쌓으려고 하고 있어요. 조금 더 노력해서 저만의 노하우를 쌓고 싶기도 하고요." 그의 모습이 새삼 더 멋있어 보였다. C씨는 경매를 여러 번 하면서 몇 번의 실수와 실패를 겪었지만, 그 어려움을 극복하는 과정마저도 감사하고 행복했다고 했다. 처음 나를 찾아왔을 때 느꼈던 지극히 평범한 이미지에서 전혀 다른 이미지로 변화된 그를 보고 좋은 에너지를 얻고 돌아왔다.

멋진 부자는 기꺼이 노력하고, 당연히 도전한다

나는 특별한 사람이 아니다. 어느 정도 단계에 오르자, 사람들은 내가 겪은 숱한 과정들은 생략한 채 지금의 내 모습으로만 나를 판단한다. 하지만 나에게도 수많은 어려운 과정이 있었고, 나는 그 과정을 감사함으로 뛰어넘었다. 한 분야를 깊이 파고들어 누군가를 도울 수 있을 정도가 됐다는 것은 감사를 넘어 행복한 일이지 않을까. 그 어려운 과정을 몸소 체험해 봤기에 만나는 사람들을 세세하게 도울 수 있고, 미리 알려 줄 수 있다는 것도 정말 감사한 일이다. 내가 걸어온 모든 과정이 소중한 것은, 그 과정이 지금의 나를 만들었고 여전히 나에게 힘이 되어 주기 때문이다. 아직 더 많이 배워야 하고, 더 많은 단계를 밟아 나가야겠지만, 지난 과정들이 있었기에 나는 절대 포기하지 않고 용기를 낼 수 있다. 생활이 여유로워진 만큼 마음의 여유도 생기고, 늘 위축되어 있던 자존감을 되찾을 수 있게 되었음은 물론이다.

이 모든 건 결코 나만의 이야기가 아니다. 지금도 '멋진 부자'가 되기 위해 열정적으로 노력하는 모든 사람의 이야기다. '나는 안 될 거야', '내가 어떻게 하겠어'라고 생각한다면 꼭 용기를 내 보라고 말하고 싶다. 용기 있게 도전하는 사람에게는 귀인이 붙기 마련이다. 좋은 멘토, 전문가를 만나게 되고, 그들과 함께 성장하고 성공하게 된다. 실제로 먼 지방에서 매주 교통비만 14~5만 원을 들여서 오는 사람이 있었다. 그 형편에 적지 않은 금액이었음에도 열정 하나만으로 한 주도 빠지지 않고 오는 모습을 보며 '최선을 다해 도와주고 싶다'라고 생각했다. 어떻게든 부자가 되겠다는 일념으로 부지런히 뛰어다니는 나를 도와준 많은 분들이 그랬듯, 나 역시 그런 열정과 간절함이 있는 사람을 계속해서 돕고 싶다. 그러니 긍정적인 마음으로 도전하는 사람에게는 귀인이 붙을 수밖에 없는 것이다.

멋진 부자는 '노력'을 말로만 하지 않고 기꺼이 실행에 옮긴다. 그리고 될 때까지 지치지 않고 노력을 반복한다. 멋진 부자는 도전도 두려워하지 않는다. 도전하지 않는 사람에게는 결코 기회가 주어지지 않는다는 사실을 누구보다 잘 알기 때문이다. 그들은 지금 겉으로 보이는 결과가 아닌 그 모든 과정을 자랑으로 삼는다. 힘든 과정, 실패의 경험, 어려움을 극복한 자신을 대견해하며 자존감을 높여 간다. 그들은 자신들이 지나온 힘든 과정이 더 높은 곳을 점점 더 쉽게 오르는 법을 알게 해 주었다는 사실을 이미 깨달은 것이다. 사람들 앞에서 '지금 이루어 놓은 것'을 자랑하기보다 그 과정을 공유하며 타인을 돕는 그들을 우리는 '멋진 부자'라 부른다.

이제, 멋진 부자가 될 준비가 되었는가?

부동산경매에 대한
오해와 편견 부수기

부자는 더욱 부자가 된다.
투자를 할 수 있는 여분의 수입이 있고,
부자로 지내는 경험을 통해
불필요한 감정을 막는 방법을 알고 있기 때문이다.

| 스튜어드 와일드(Stuart Wilde)_
| 영국 작가, 프로듀서, 영성 및 자기계발 전문가

경매는 '특별한 사람'들이 하는 거란
생각을 버려라

나에게 경매를 배우기 위해 찾아오는 사람 중에 '경매를 해 봐야겠다', '부동산으로 재테크를 해야겠다'고 생각한 후 곧장 오는 경우는 거의 없다. 몇 달에서 최대 몇 년까지 고민하다가 오는 경우가 대부분이다. 그 이유는 다양하다.

'나는 부동산투자를 한 번도 해 본 적이 없는 사람인데 내가 할 수 있을까?'
'부동산에 잘못 손댔다가 겨우 모은 돈만 다 날리는 건 아닐까?'
'무턱대고 덤벼들었다가 사기나 당하면 어쩌지?'
'경매는 시간 많고 여유 자금 있는 사람이나 하는 거 아닐까?'

한번 발도 담가 보지 않은 채 온갖 생각과 두려움으로 계속 고민만 하는 것이다. 그렇게 좋은 기회와 아까운 시간을 다 허비한 후에야 찾아오는 사람들을 보면 안타까운 마음이 든다. 고민하며 보낸 몇 달 혹은 몇 년 동안 조금 더 공부하고 현장 경험을 했다면 얼마나 좋았을까. 젊은 친구들은 상관없지만 이미 퇴직을 했거나 경제적으로 막다른 골목인 경우, 시작이 더 어려울 수 있다. 물론, 언제나 지금이 가장 빠른 때이다. 충분히 고민했다면 빨리 결정할수록 기회는 내 편이 되어 준다.

경매를 할까 말까 고민하고 있거나, 이제 막 공부를 시작한 사람들에게 나는 꼭 이야기해 주고 싶다. '경매는 특별한 사람들만 하는 것이다', 아니 '특별한 사람들이 더 잘하는 것이다'라는 생각을 "지금 바로 버리라"고 말이다. 경매는 지극히 평범한 사람들, 그중에서도 돈을 벌고 싶어 하는 간절함을 가진 사람들이 하는 것이다. 그 대표적인 사례가 바로 나 자신이다. 지금 나를 만나는 사람들은 나를 '선생님' '멘토' '전문가' '대표님'이라고 부르지만, 나만큼 평범하고 또 간절했던 사람이 또 있을까.
나는 부동산에 관심은 있었지만, 그 관심도 아주 특별한 게 아니었다. 그저 보통 사람들이 '나도 부동산으로 돈 좀 벌어 보고 싶다. 남들은 어떻게 해서 돈을 벌었지?' 생각하는 정도였다. 그래서 한 마디로 무지했다. 공부는 해야 할 것 같은데 어디서부터 어떻게 공부를 해야 할지도 몰라 막막했다. 나는 평범한 직장인에 늘 비슷한 월급을 받는 사람이었다. 결혼 후 아이를 키워 보니 경제 상황은 더 만만치 않았다. 결혼을 하면 수입이 두 배가 되어야 하는데, 돈 들어갈 곳은 많고 가계는 더 어려워지는 것만 같아 늘 걱정이었다. 아이들은 점점 커 가는데 내가

설 자리는 줄어드는 것 같고, 자격증을 따고 공부를 많이 해도 실생활에 별로 도움이 되지 않는 것 같아서 힘들었다.

내가 다른 사람과 다른 점이 있었다면, 나는 그렇게 긴 시간 고민만 하지 않았다는 것이다. 남들보다 돈이 없는 상황에 대한 막막함, 앞으로도 지속적으로 할 수 있는 나만의 일을 찾고 싶다는 간절함. 그 마음이 커 가면서 더 지체하고 싶지 않았다. 그 길이 아닌 것 같아서 되돌아오더라도 일단 대범하게 뛰어들어 보고 싶었고, 어차피 할 거면 남들보다 빨리, 하루라도 빨리 경험해 보고 싶었다. 지금은 그때 빠른 판단을 한 나 자신을 얼마나 칭찬하는지 모른다. 이제는 경매가 특별한 사람이 아니라 삶을 변화시키고 싶은 사람, 진정한 성공과 행복 그리고 자신의 꿈과 목표가 간절한 사람들이 하는 일임을 안다. 그래서 이 책을 쓰고 있는 것이다.

세연쌤이 경매를 선택한 이유

돈이 필요한 사람들은 다양한 재테크 종목들을 고려하게 된다. 그중에서도 부동산경매를 선택한 것은 내 삶에서 '신의 한 수'였다. 겁 없이 경매를 시작하긴 했지만, 그렇다고 내가 아무것도 모른 채 마구 뛰어드는 성격은 또 아니다. 간절함이 있는 만큼 꼼꼼하게 상황을 체크하고, 앞으로 어떻게 해 나가야 할지 고민했다. 경매에 아무런 두려움이 없었다면 거짓말이다. 아무리 실패가 과정이더라도 실패는 최대한 줄이는 게 상책이니까. 내가 여러 재테크 방법 중 부동산경매를 권하는 이유는 다음과 같다.

첫째, 경매는 법 안에서 이루어진다.

경매가 마음에 들었던 첫 번째 이유는 바로 '법 안에서 이루어진다'는 점이었다. 법원에서 진행한다는 점이 안정감을 주었다. 그렇다고 내가 법을 세세하게 알아야 하는 것도 아니었다. 이미 정해진 룰이 있고 그것을 잘 지키면서 해 나갈 수 있다는 것. 모든 관계된 사람들이 법이라는 테두리 안에서 일을 진행하니 다른 종목에 비해 문제가 될 소지가 현저히 적고, 또 마무리도 깔끔했다. 지금은 그 누구보다 부동산법에 대해 잘 알지만, 처음부터 그랬던 것은 아니다. 나 역시 아무것도 몰랐고, 현장 경험을 하면서 자연스럽게 터득했다.

둘째, 적은 투자금으로 할 수 있다.

어쩌면 이 부분이 가장 큰 매력으로 다가올 것이다. 실제로 경매는 0원으로 하는 사람도 있고, 몇 천 단위의 종잣돈으로 시작하는 경우가 많다. 조금만 발품을 팔고 부지런히 대응하면 1년에 몇 건까지 진행하며 연봉을 훨씬 넘는 이익을 보는 경우도 많다. 그렇게 수익이 늘어 여윳돈이 생기고 여기에 자기만의 노하우가 입혀지면, 웬만한 재테크보다 훨씬 빠른 속도로 수익을 늘려 갈 수 있게 된다. 특히 경매는 일반 대출과는 다르게

'경락잔금대출'을 레버리지 삼아 수익을 극대화할 수 있다. 경매로 (부)동산 소유권을 취득하는 것을 경락競落이라 한다. 나도 갭 투자를 한 적이 있는데, 전세를 끼고 일반 매매로 매입을 하다 보니 투자금이 자꾸 묶여서 다음 진행을 하기가 힘들었다. 경매는 이런 부분이 해소되어 훨씬 수월하게 느껴졌다.

법원경매에서 낙찰을 받게 되면 매각허가결정 확정 후 1개월 이내에 대금을 납부해야 한다. 이때 금융기관에서 낙찰받은 물건에 대해 감정가의 60퍼센트 또는 낙찰가의 80퍼센트 중 낮은 금액으로 대출을 해 주는데, 이것이 경락잔금대출이다. 이 대출금에 나의 투자금을 더해 낙찰받은 금액을 납부하게 된다.

셋째, '내'가 주체가 되고 '지속' 가능하다.

당시 육아 중이던 나에게는 이 부분이 무척 중요했다. 직장을 다니면서도 할 수 있고, 혼자서 할 수 있다는 것. 그리고 어느 정도 수익이 되면 직장을 그만두는 옵션도 생각해 볼 수 있다. 사실, 나는 출산휴가도 제대로 못 쓰고 출근했다. 남들처럼 충분히 쉬고 싶고, 아이와 좀 더 시간을 가지고 싶은데 그러지 못해 늘 아픔이 있었다. 경매라는 건 그런 부분에서 정말 매력이 있었다. 경매는 내가 하고 싶을 때 하고, 하기 싫을 때에는 안 할 수 있다. 여건이 되면 하고, 무슨 일이 생기면 안 해도 된다. 이 모든 걸 내가 선택할 수 있다는 점이 얼마나 매력적인가. 그리고 정년퇴직이 없다. 내가 원할 때까지 언제든지 할 수 있다는 것. 경험을 쌓는 만큼 전문가가 된다는 점도 엄청난 매력으로 다가왔다.

넷째, 시세보다 싸게 살 수 있다.

다른 부동산 종목 중에서도 경매의 최고 메리트는 바로 이것이다. 대출 레버리지를 이용해 경매를 받고, 다른 물건보다 훨씬 싸게 내 것으로 만들어 월세를 세팅하면 월수익을 올릴 수 있고, 또 전세를 놓게 되면 투자금을 만들 수 있다. 이 과정을 거듭하면 투자금이 점점 불어나 자산이 붙는 속도가 그 어떤 재테크보다 빨라진다.

다섯째, 전문가가 아니어도 된다.

나는 공부에 대한 저항감이 없다. 게다가 어쨌거나 돈을 투자하는 일인데 하나도 모르고 할 수는 없지 않을까. 누구나 모르는 분야를 처음 접하면 두려움이 생기기 마련이다. 나이가 들어 새로운 분야를 공부한다는 건 더욱 그렇다. 경매 공부는 숫자와 법률 등을 많이 알아야 할 것 같은 두려움에 시작조차 못하는 사람들이 많다. 전문가들도 제대로 못하는 게 경매라는 잘못된 선입견을 가진 경우도 허다하다. 그러나 나는 정말 경매를 1도 모르는 상태에서 전문가가 되었다. 경매는 그야말로 평범한 성인이면 누구나 할 수 있다. 전공, 직업, 연령, 성별, 지역에 관계없이 곧바로 시작할 수 있다는 건 정말 큰 장점이다.

"내가 경매를 할 수 있을까요?" 이렇게 물어 오는 사람들에게, 나는 "삶을 변화시키고 싶다면 가능하다"고 대답해 준다. 하루하루 차곡차곡 저금해서 돈을 불리고 자산을 키워 나가는 시대는 이제 갔다. 아마도 두 번 다시는 오지 않을 것이다. '마이너스금리 시대'라는 말이 나오고 경제는 더욱 어려워질 것이다. 그러나 늘 기회가 있는 시장이 바로 '경매' 시장이다. 퇴직 후 안정적인 생활을 위해서, 결혼 후 지속적인 자산 축적을 위해서, 또 나의 새로운 꿈을 위해서… 무언가를 새로 시작해야 한다면, 나는 그 답이 경매라고 생각한다. 적어도 내 경험 안에서는 그렇다.

눈물을 흘리며 지새운 숱한 밤과 아침이 되어도 절대 수그러들지 않는 내 마음의 간절함. 삶을 변화시키고 싶은 그 간절함에 대한 답이 내가 죽을 때까지 주체적으로 할 수 있는 경매였기에 이렇게 말할 수 있다.

그렇다고 당장 직장을 그만두고 뛰어들라는 말은 아니다. 다만, 경매는 '아무나 하는 게 아니다'라는 선입견은 버리라는 것이다. 그래야만 새로운 시작이 가능하다. 버진그룹의 리처드 브랜슨 회장은 이렇게 말했다.

"만약 누군가가 당신에게 놀라운 기회를 제공했지만 그것을 할 수 있을지 확신이 없다면, '하겠다'고 말하라. 그리고 나중에 그것을 하는 방법을 배우면 된다."

경매는 '돈 좀 있는 사람'들이
하는 거란 생각을 버려라

"사랑하는 소액님~!"

몇 년 전부터 내가 가장 많이 하는 말 중 하나이다. 나와 함께 경매 공부를 하고 투자에 뛰어드는 사람 중에는 소액으로 하는 사람들이 정말 많다. 누군가에게는 아주 적은 돈이지만 그들에게는 그 무엇보다 소중하다. 그 돈으로 부동산경매를 하겠다고 결심하고 열심히 뛰는 모습을 보면 과거 내 모습을 보는 것 같아 뭉클해진다. 그 누구보다도 열심히 응원하게 된다!

종잣돈이 많이 필요한 종목이 '경매'였다면 나는 절대 시작하지 않았을 것이다. 아니, 못했을 것이다. 투자라는 것이 재산을 모두 털고 하던 일까지 그만두고 하는 것이 아니지 않은가. 단돈 얼마라도 여유가 있고, 적은 액수지만 수익을 내 보고자 할 때 하는 것이 투자이다. 투자 수익이 월급을 넘어서고 이 일에 더 큰 흥미와 열정이 느껴진다면 그땐 직장을 그만두는 것도 고려해 볼 수는 있다. 하지만 경매는 대출을 끼고 하는 것이기에 직장에 있을 때 대출을 받기가 훨씬 쉽다는 점도 고려해야 한다. 내가 일을 그만두고 경매를 하면서 가장 부러웠던 것도 그것이다. 실제로 내 경우에도 직장 생활을 할 때만큼 대출이 나오지 않아 대출이자를 조금 더 내야 했던 적이 많다.

앞에서도 말했지만, 경매의 가장 큰 장점은 '소액' 투자가 가능하다는 점이다. 그래서 사람들이 경매에 대해 가진 선입견 중 '여윳돈이 많지 않으면 할 수 없는 거 아니냐?'라는 우려를 지금 당장 지워 버리라고 말한다. 경매는 오히려 소액으로 할 때 스피드도 빠르고 수익률이 높은 경우가 많다. 돈이 많지 않아서 경매를 하지 못하고 우물쭈물하고 있다면 지금 당장 용기를 내 보자. 사람들이 "얼마 정도 있으면 경매 투자를 시작할 수 있나요?"라고 물어보면, 나는 이렇게 대답한다. "열정이 있다면 마이너스 500에서도 가능하다. 하지만 열정이 조금 부족하면 최소 3천만 원은 있어야 한다." 이게 무슨 뜻일까?

물건은 1백만 원짜리도 있고 수십억 원짜리도 존재한다. 내가 지금 당장 경매를 해서 수천 혹은 수억을 벌겠다고 생각하면서 수중에 돈이 5백만 원밖에 없다면 그 차이를 줄이기는 힘들다. 그런 경우 '경매는 불가능'이라고 생각한다. 경매에서 가장 중요한 건 나의 상황을 정확히 판단하고 투자 대상을 고르는 일이다. 그래서 다음 단락에서 이야기하겠지만, 경매절차 중 가장 먼저 해야 할 일이 나의 상황을 체크하는 것이다. 경매는 남의 돈으로 하는 것이 아니다. 내 돈으로 내가 수익을 낼 물건을 선택하는 일이다. 한 예로, 5백만 원이 있는데 경매 투자를 할 수 있냐고 물어 와서 가능하다고 했더니 나를 찾아온 사람이 있다. 같이 물건을 보러 갔는데, 그 물건은 절대로 안 한다고 하는 것이다. 물건이 마음에 들지 않는 데다 이것이 돈이 될 거라는 생각이 들지 않는다고 했다. 나는 그분에게 "자신에게 5백만 원이 있다면, 그 돈에 맞게 물건을 고르고 그것으로 단돈 1백만 원이라도 버는 것부터 시작해야 한다."고 이야기해 주었지만, 내 말을 들으려 하지 않았다. 그분의 경우, 남의 상황을 가지고 돈을 벌려고 했기에 '5백만 원으로는 경매가 안 된다'고 판단했던 것이다.

이와 반대로, 수중에 돈이 하나도 없어서 마이너스대출을 받아 쌍문동에 빌라를 낙찰받고 월세를 따박따박 받는 사람도 있다. 5백만 원으로 시작해 처음엔 수익이 몇 백만 원이었다가, 점점 늘려 가면서 이제는 1년에 수억 원을 벌어들이는 사람도 있다. '열정만 있다면 마이너스 5백만 원이어도 가능하다'는 말은 괜한 말이 아니다. 내 상황에 맞는 물건을 찾아 발품을 팔고, 조금 부지런히 움직인다면 수익을 올릴 방법은 얼마든지 있다. 경매라는 종목의 메리트는, 토지 등의 한정된 물건에 비해 언제든 기회를 잡을 물건이 있고 매일 새로운 건이 나온다는 점이다. 그것도 소액으로 잡을 수 있는 물건이 많다는 것. 그것이 경매가 가진 진짜 매력이다.

생각해 보자. 우리가 처음 경매를 시작한 이유가 무엇인가? 그 간절함의 출발은 '지금보다 나은 삶'이다. 엄청난 돈을 벌기 위해 재테크를 시작할 수도 있다. 하지만 그것은 결과이지 과정은 아니다. 지금 내가 5백만 원밖에 없는데 그 돈으로 갑자기 수십억 원을 벌 수는 없다. 지금은 지금에 맞는 출발을 해야 한다. 그래서 나를 찾아오는 소위 '사랑하는 소액님'들에게 가장 해 주고 싶은 말은, "욕심을 버리고 돈 버는 맛을 느껴 보라"는 것이다.

어렵게 결정하고 찾아왔는데 막상 이야기를 들어 보니 물건을 낙찰받아도 월 20~30만 원밖에 못 벌고, 큰 시세차익도 보지 못하는 것 같아서 낙심하는 이들을 보게 된다. 무엇을 기대했던 걸까? 몇 천 혹은 그 이상의 종잣돈으로 시작한다면 훨씬 더 많은 수익을 기대할 수 있다. 그러나 당장 우리에게 필요한 건 아주 적은 돈 혹은 마이너스인 내 재정에서 조금이라도 수익을 늘려 보는 것이다. 월급만으로는 턱도 없었던 내 가계에 몇 만 원 혹은 몇 십만 원의 이익을 늘리고, 시간이 흘러 내가 산 물건의 시세가 올라 팔아서 차익을 내는 경험도 해 볼 수 있다. 그게 무엇이 됐든, 확실한 건 '지금보다는 조금 더 나은' 삶이 되어 간다는 것이다.

게다가 경매는 시세보다 싸게 물건을 사는 것이기 때문에 시간이 흐르면 반드시 다른 물건에 비해 더 큰 차익을 볼 수 있다. 낙팔낙팔, 즉 낙찰받아서 바로 팔아서 차익을 보며 스피디하게 자산을 불려 가는 방법도 있지만, 어떤 물건은 시세가 오를 때까지 월세만 받으며 갖고 있다가 차익을 많이 보고 팔아야 하는 경우도 있다. 씨를 심고 열매를 기다리듯 말이다. 물론, 그 시기를 정하는 것은 전문가와 상담을 하는 것이 좋다. 중요한 건 어떻게 됐든 절대 손해가 되지는 않는다는 사실이다. 분명 적은 금액으로 시작했지만 나에게 이익이 되어 돌아온다. 경매 투자의 묘미는 여기에서 생겨난다.

요즘 그런 생각을 한다. 투자금이 제로, 아니 마이너스였던 내가 경매 공부를 하며 확신을 갖게 되었고, 용기를 내어 도전했더니 지금은 건물주가 되었네? 처음에는 정말 신기했다. 적지만 투자금이 회수되고 종잣돈이 조금씩 모이며 좋은 결과가 나온다는 것. 자꾸만 새로운 기회가 생기고, 상상도 못 했는데 서울에 있는 빌라를 사게 되고 월세를 받는 사람이 되다니. 육아를 하고 월급에 목을 매던 나였는데, 이제 평생 나의 선택에 따라 적은 돈이라도 투자할 수 있는 노하우가 생겼다는 게 얼마나 신기했는지 모른다. 아마 처음부터 큰 이익을 보려고 했다면 여기까지 오지 못했을 것이다. 혹은 경매에 큰돈이 필요하다고 생각하고 덮어 버렸다면 상상도 못 했을 상황이다.

경매는 소액으로도 가능하다. 아니, 열정이 정말 크다면 마이너스통장으로도 가능하다. 시작점에서 '작은 수익'부터 차곡차곡 자산을 늘려 가는 경험을 하겠다는 의지를 다져야 한다. 어떤 두려움이나 의심, 또 한 번에 크게 한탕 하겠다는 욕심 대신에 소액으로 시작해 건물주가 되는 꿈을 꾸자. 바로 이것이 경매 투자자만의 알찬 꿈이 아니겠는가.

경매는 '어렵다'라는
생각을 버려라

"제가 예전에 평생교육원에서 수업을 들었는데요, 진짜 무슨 말인지 하나도 모르겠어서 그만뒀어요."

"저 문화센터에서 강의 들었거든요? 한두 번 정도 그래도 열심히 갔나? 근데 제가 이 나이에 그렇게 복잡한 걸 할 수 있을까 싶고…. 그래서 그냥 포기했어요."

경매가 어렵게 느껴진다고 말하는 사람들은 이미 좋지 않은 경험을 한 경우가 많다. 오프라인이든 온라인이든 다른 경로로 경매를 접하고 나서 '경매는 어렵다'는 선입견을 가지게 된 경우다. 도대체 왜 그런 생각을 갖게 된 걸까? 가만히 이야기를 들어 보면, 경매에서 가장 마지막에 알아야 할 것들이나 상식적으로 바로 적용할 일이 없는 내용들을 먼저 배우게 된 경우들이다. 또, 같은 내용이라도 입문자들 수준에 맞춰 쉽게 설명해 주어야 하는데, 경매를 교육하는 사람들이 전문 용어와 내용을 일방적으로 전달하면서 생기는 문제도 컸다.

나의 경우는 처음에 경매에 대한 지식이 깊지 못할 때 오히려 돈을 많이 벌었다. 무지한 자만이 가질 수 있는 용감함도 있었지만, 모르기 때문에 오히려 도움을 받으려고 노력하고 더 적극적인 자세가 될 수 있었기 때문이다. 사람들은 말한다. "저는 부동산의 '부' 자, 경매의 '경' 자도 몰라요. 그래도 할 수 있을까요?" "저 말고 다른 사람들은 다 잘하는 것 같아요." 나도 그랬다. 처음부터 전문가인 사람은 없다. 모르기 때문에 공부해야 하고, 제대로 알기 위해 노력해야 한다.

'모른다'고 자책하지 말고 '어떻게 배울지'를 생각하라
《여자를 위한 사장수업》에 그런 내용이 나온다.

"사람들이 주로 두렵다고 생각하는 것은 '안 해 보았기' 때문이다. 이 두려움에서 벗어나는 방법은 '해 보는' 방법밖엔 없다."

우리는 보통 '힘들다'고 느끼면 바로 포기해 버린다. 하지만 안 해 봤으니 힘들고 어려운 건 당연하지 않을까? 한번 해 봐야 그게 나에게 맞는지, 진짜 어려운지를 알 수 있다. 그러니 '아무것도 몰라도 될까?'라고 묻기 전에 '어떻게 배워야 할까?'라고 물어야 한다. 그 막막함, 두려움을 깨는 건 배움밖에 없기 때문이다. 어두운 방에선 아무것도 보이지 않아 모든 게 두렵지만, 불을 켜면 아무것도 아닌 게 되듯이 배움이란 것도 그렇다. 일단 발을 들이고 알아 가기 시작하면 그때부턴 두려움이 사라진다. 그런데도 '내가 할 수 있을까?'란 고민을 오랫동안 하는 사람들을 보면, 대부분 결과만 생각하지 그 과정을 고민하지 않는다는 걸 알 수 있다. 즉, '경매로 돈을 벌고 싶다' '재테크로 부자가 되고 싶다'고 생각하면서도 '어떻게 공부해야 할까'라는 과정을 생각하지 않는 것이다. 그러나 과정 없이 얻어지는 결과는 절대 없다. 내가 원하는 결과로 가장 빨리 가는 방법은 하루라도 빨리 그 과정에 들어서는 것뿐이다.

이를 위해 자신의 상황과 비슷한 상태에서 출발해 성공한 사람들을 롤 모델로 삼는 것도 좋다. 그들의 발자취를 좇아가면서 그대로 따라 하기 위해 노력하다 보면 어느새 그 길을 가고 있는 자신을 발견할 수 있다. 경매로 돈을 벌기로 마음먹었다면, 이제 어떤 단계를 밟아야 하는지도 고민해 보자. 어디에서 배울까? 유튜브를 볼까? 책을 볼까? 전문가를 찾아갈까? 교육을 받을까? 이런 고민이 필요하다. 보통은 책을 많이 보고, 유튜브를 시청한다. 블로그나 카페를 서치하며 정보를 모을 수도 있다. 중요한 건 '나와 잘 맞는 곳은 어디인가?'이다. 교육기관도 많이 있다. 비용에 맞추고 싶은 경우, 거리에 맞추고 싶은 경우, 강사에 맞추고 싶은 경우… 등 선택지는 다양하다. 나를 찾아와 긴 시간 경매를 배우고 지금 승승장구하고 있는 한 분은, 처음에는 온라인으로 강의를 들었는데 '아, 안 되겠다. 나는 직접 선생님과 소통하며 배우는 게 맞겠구나' 판단했다고 한다. 배움의 과정에 정답이라는 건 없다. 그래서 나의 스타일을 찾는 과정이 중요하다.

경매를 시작하면서 배우고 싶은 열망도 컸지만, 내가 직접 해 보고 싶은 마음이 훨씬 컸다. 그래서 책상에 앉아 공부를 하는 것보다 일단 현장에 나가서 직접 눈으로 보고 공부해야겠다는 생각이 들었다. 그리고 그것이 나와 잘 맞는 공부 방법임을 깨달았다. 어떤 사람은 피아노를 배울 때 악보 공부부터 하고, 탁구도 이론 공부부터 하는 게 적성에 맞다. 하지만 나는 일단 두드려 보면서 '아, 이런 소리가 나는구나' 배우고, 탁구채를 잡고 공을 튕겨 보며 '아, 이렇게 되는 거구나' 하고 배우는 게 좋다. 몸으로 익힌 것은 절대 잊어버리지 않는다는 것은 나의 배움에 중요한 진리였다.

그래서 나는 '하면서' 배웠다. 그러면서 진짜 알아야 할 포인트는 반드시 익혔는데, 그래서인지 실제로 시작하고 나니 경매가 무척 '쉽고' '재밌는' 일이 되었다. 복잡하고 어려운 이론 대신에 정말 중요한 핵심만 딱 정리해서 익힌 다음, 나머지는 억지로 외우는 게 아니라 현장에서 몸으로 부딪쳐 가며 익히고 배우니 다음번에는 훨씬 더 빨리 앞으로 쭉쭉 나아가는 느낌이었다. 그렇게 해 두면 한동안 쉬거나 못 해도 다음번에 자연스럽게 할 수 있다. 마치 한번 배워 두면 절대 잊어버리지 않는 수영이나 자전거 타기처럼 말이다. '아, 그래서 경매는 실전이라고 하는구나!'

그래서 나는 경매 수업을 할 때 절대 직접 답을 가르쳐 주지 않는다. 마치 족집게 선생님처럼 하나부터 열까지 '이렇게 하라'고 가르쳐 주면 나중에 절대 스스로 할 수 없게 된다. 단, 방법을 정확하게 알려 주며 직접 경험할 수 있도록 도와준다. 그러면 한두 번만 직접 해 보면 '오! 이렇게 하면 되는구나' 금방 몸으로 습득한다. 그 후 꼭 정답을 알려 준다. 가정주부, 직장인, 은퇴한 노부부 등 경매에 대해 하나도 모르고 찾아오는 사람도 얼마 지나지 않아 물건을 낙찰받고, 자산을 불려 가는 걸 볼 수 있게 된다. 그들이 처음부터 경매에 대해서 무엇을 알았겠는가. 그리고 가만히 앉아서 공부만 했다면, "경매, 너무 재미있어요!"라는 피드백은 절대 할 수 없었을 것이다. 잊지 말자. 소액으로 공부가 아닌 돈을 벌고 부자가 되는 게 목표라는 것을.

되돌아보면 인생에는 타이밍이라는 게 있는 것 같다. 그리고 그 타이밍은 항상 내가 생각하지 못했던 곳에서 찾아온다. 아마 내가 앉아서 '경매 어려운데 할 수 있을까?' 계속 고민만 하고 있었다면, 혹은 '이거 하나로 대박 내야지!' 생각했다면 어떻게 됐을까. 부자가 되고 싶다는 결과, 지금보다 편하고 멋지게 살고 싶다는 결과만을 바라보면서 과정 속에 첫발을 내딛지 않는다면 '아무 일도' 일어나지 않았을 것이다. 인생의 타이밍, 최고의 기회는 내가 움직일 때 찾아온다. 현재 상황만을 보면 두렵고 무서울 수 있다. 하지만 기억하자. 지금 성공해서 내가 꿈꾸는 결과를 누리는 모든 사람에게도 그런 순간이 있었다는 걸. 변화는 시작하는 사람에게만 주어진다. 두려움은 어두운 방에 불을 켜는 순간 모두 사라진다는 걸 꼭 기억하길 바란다.

경매는 '불안정한 재테크'라는 생각을 버려라

나를 찾아오는 교육생들이 꼭 빼놓지 않고 묻는 레퍼토리가 있다.

"잘못되면 어떡하죠?"

"명도가 어렵다던데 가능해요?"

"경기도 안 좋고 규제를 그렇게 때리는데 부동산 괜찮은 거 맞아요?"

그리고 이러한 말들은 자신의 생각이나 경험에서 나온 말이라기보다는 주변에서 들은 얘기가 대부분이다. 심지어 부동산 중개인들조차 경매에 대해 부정적으로 이야기하더라는 말을 들은 적도 있다. 과연 이 이야기들이 다 맞는 말일까?

나의 결론은 두 가지다. '나의 인생을 조금도 책임져 주지 않는 사람들의 이야기에 휘둘리지 말라.' 그리고, '내가 직접 경험해 보지 않고는 판단하지 말라.'

실제로 부동산 중개를 하는 사람 중에도 경매로 돈을 많이 버는 사람들이 있다. 즉, 같은 업종에 몸담고 있어도 경험을 해

보았는가 아닌가에 따라 생각이 다르고, 또 '어떤 경험'을 했느냐에 따라 내리는 결론도 달라진다. 중요한 것은, 모두 '본인이 선택하고 결정하는 것'이란 사실이다. 이 단계부터가 사실 '투자'다. 나는 누구의 말에도 흔들리지 않았다. 내 삶은 내 것이고, 오직 돈을 버는 것에만 집중하자는 생각 때문이었다. 하고자 하는 사람에게는 '되는 길'이 보이고, 의심을 품은 사람에게는 '안 되는 길'만 보이기 마련이다. 내 의지가 '되는 길'로 나를 이끌었고, 크고 작은 실패를 디딤돌 삼아 좋은 결과를 얻을 수 있었다.

교육생 중 B씨의 경우, 1천만 원이라는 소액으로 경매를 시작했다. 무직 상태에서 이제 겨우 직장을 구하는 상태였지만, 경매로 돈을 벌어 보겠다는 의지가 확고했다. 교육을 열심히 받은 것은 물론이고 매사에 긍정적이고 적극적이었다. 과제도 단 한 번 빠뜨리지 않았다. 그렇게 배움을 이어 나가다 두 번 정도 패찰(낙찰을 받지 못함)을 경험했으나, 굴하지 않고 다시 도전해 세 번째 만에 월세 물건을 낙찰받았다. 그 물건은 단기간에 매도까지 되어 800만 원의 수익을 냈다. 주변에서 "이제 그만해. 그렇게 불안하고 잘 되지도 않는 걸 왜 해!"라고 반대했지만, 그녀는 꿋꿋하게 도전했던 것이다. 그리고 이 모습을 본 딸이 B씨에게 투자금을 더 보태 주어 이후로도 계속 좋은 결과를 내고 있다. 이제는 재미가 붙고 자신감도 생겨서 "경매가 저에겐 딱 맞는 것 같아요."라며 다른 사람들에게 긍정적 에너지를 공유하고 있다.

오프라 윈프리는 말했다. "나는 멘토로 인해 좋은 자극과 에너지를 받아 더 크게 성장한다."

나는 모든 일에는 멘토가 필요하다고 생각한다. 성공한 사람들을 보면 항상 자신과 함께 소통하거나 함께 휴식하거나 함께 어려움을 나누거나 배움을 공유한 멘토가 있었다. 그들은 혼자 결정해야 할 일이 있을 때, 불안하고 막막한 상황이 닥쳤을 때, 롤 모델을 찾아 그들을 본받거나 멘토를 찾아 조언을 구했다. 삶에는 반드시 이 길을 먼저 걸어간 사람이 있기 마련이고, 때로는 그들의 조언이 내 삶을 크게 자극하고 변화시키기도 한다. 나는 독서를 좋아하여 책 속에서 그러한 롤 모델을 찾기도 한다.

경매는 '의지'가 반인 건 사실이다. 의지가 없으면 시작하고 진행하는 내내 불안해한다. 그래서 강한 의지와 열정으로 해야 하는 건 맞다. 하지만 거기에 배움과 현장 경험이 필수다. 적극적인 자세로 이 과정을 거쳐야만 진정한 고수가 될 수 있다. 그 과정에서 교육을 받는 경우가 많다. 경매를 가르치는 학원이 얼마나 많은가. 금액도 천차만별이다. 보통 교육비가 저렴하면 이론 위주로 교육한다. 그런 경우엔 교육 이후 모든 과정을 본인이 알아서 해 나가야 한다. 실전반이 있는 교육은 이론 교육과 함께 경매 실전에 도전하게 하는 시스템이 많다. 각자 자신의 상황에 맞는 교육을 선택하면 된다. 나는 이론을 넘어 반드시 실전 경험을 같이 해 보는 과정을 추천한다. 그래야만 마음속에 있던 불안감을 털고 몸으로 익히고 깨우치는 게 생긴다.

간혹 시작 단계인데도 혼자 경매를 하는 사람들이 있다. 나에게 전화해서 이것저것 물어보며 낙찰을 받는 사람도 있는데, 사실 경매에서 가장 복잡한 단계가 낙찰 후 과정이다. 경매는 '낙찰받았다!'고 해서 끝나는 게 아니다. 법에 따라서 후과정까지 깔끔하게 마무리를 해야 비로소 끝이 난다. 대출, 명도, 수리, 매매, 전세, 월세 임대 등 이 한 사이클을 돌아보는 경험을 해야 진정으로 경매를 배웠다고 할 수 있다. 보통은 이론을 잘 배우고 낙찰까지 받아도 이 과정에서 포기하거나 여러 가지 어려움을 겪는다. 그래서 처음에는 전문가의 도움을 받아 이 뒷부분을 해결하는 노하우를 전수받으면서 배워 나가는 게 중요하다. 예를 들어, 소유자나 세입자에게 부동산을 인도받는 명도(明渡)만 하더라도 어떤 경우엔 말 몇 마디로 쉽게 풀리는가 하면, 어떤 경우에는 아무리 대화로 풀려고 해도 안 되는 경우도 있다. 이럴 때 어떤 센스를 발휘해야 수월하게 풀릴까? 어떻게 진정성 있게 다가가면 좋을까? 이런 것도 하나의 노하우가 될 수 있다. 경매의 모든 과정은 시간을 단축하는 게 관건이다. 명도 때문에 많은 시간을 낭비하지 않도록 정확성을 가지고 시간을 줄여 나가야 한다.

의지가 있다면, 그 의지를 꾸준하게 끌어 줄 사람을 만나면 큰 시너지를 낼 수 있다. 아무리 똑똑한 사람이라도 시너지효과

없이는 그 자리에 머물 수밖에 없다. 내가 아는 한, 경매를 시작하면 한 건만 하고 그만두는 경우는 거의 없다. 두 번 세 번의 경험으로 이어질 때 든든한 멘토, 전문가가 함께한다면 그것보다 좋을 수는 없다. 켈리델리의 켈리최 회장이 "멘토란 내 안에 잠재된 희망을 끄집어낼 수 있는 사람"이라고 한 것은 괜한 말이 아니다.

기본에 충실하라, 하나라도 제대로 알려고 노력하라

나는 한 번에 많은 걸 알려고 욕심을 부리는 사람은 아니지만, 하나를 알더라도 제대로 알려고 노력했다. 경매를 하다 보면 예상치 못한 일이 많이 생긴다. 내가 아는 C씨는 물건을 낙찰받는 과정에서 최선을 다했지만 결국 패찰되었다. 시세 조사가 제대로 이루어지지 않았기 때문이다. 같은 물건이라도 어떻게 판단하고 또 어떻게 조사하느냐에 따라 결과가 달라진다.

각종 부동산투자 종목 중에서도 '경매'라는 걸 하는 목적이 무엇인가? 바로 시세보다 싸게 물건을 사려는 것, 그래서 수익을 내서 돈을 벌려는 것이다. 일반 시세와 비슷하게 살 수 있는 물건은 널렸다. 경매의 핵심은 소액으로 시세보다 싸게 사고, 시세차익을 보는 것이다. 그런 면에서 시세 조사는 정말 중요하다. 여기에 '임장(臨場)'(현장 방문 조사)의 중요성도 빼놓을 수 없다. 막상 가 보면 시세 조사가 힘들거나, 편차가 커서 입찰가를 정하기가 아리송한 물건들이 있다. 그런 경우에 임장을 나가 세밀한 조사를 하고 꼼꼼하게 알아보아야 한다. 오랫동안 경매를 하고 부동산투자를 하고 있지만, 나는 지금도 이 기본을 건너뛴 적이 없다. 오래 했으니 물건을 보자마자 탁 고르고 '이 정도 쓰면 되겠네' 하고 쓸 것 같지만, 절대 그렇지 않다. 교육생들에게 가르치는 그대로, 나는 지금도 똑같은 방식으로 꼼꼼하게 알아보고 시세를 조사한다. 자만은 금물이다. 배움은 끝이 없고, 경험도 100퍼센트 믿어선 안 된다. 매번 경우마다 다르기 때문에 늘 처음과 같은 마음으로 해 나가는 게 중요하다.

기본에 충실할 것, 그리고 하나를 알더라도 정확히 알고 매번 꼼꼼하게 알아보고 초심 같은 마음으로 임할 것. 이 두 가지만 지킨다면 경매에 대한 불안감은 얼마든지 떨쳐 버릴 수 있다. 어떤 재테크와 '투자'가 100퍼센트 안전할까? 무조건 좋은 건 없다. 같은 조건이라면 나한테 더 잘 맞는 종목을 찾아야 한다. 나에겐 그것이 경매였고, 모든 게 법의 테두리 안에서 이루어진다는 점이 가장 매력적이었다. 나만 기본에 충실하면 불안해할 필요가 없었다. '투자 실패'는 이 기본을 어기고 자만심을 갖거나, 무턱대고 의심만 할 때 생기는 결과다. 나 자신을 믿고, 또 주변의 멘토를 믿고, 앞으로 나아가자. 실패의 과정은 있을지 몰라도 절대 실패하는 투자는 없다.

'세금은 폭탄'이라는
생각을 버려라

재테크를 해 본 사람은 알겠지만, 돈을 불릴 때 가장 듣기 싫은 단어 중 하나가 바로 '세금'이다. 없는 돈에 조금이라도 벌어 보려는데 세금 걱정부터 해야 하다니. 주변에서 세금 폭탄을 맞아서 남는 게 하나도 없더라는 말을 들으니, 덜컥 겁부터 난다. 세금이 생각보다 많이 나올까 봐, 감당을 못할까 봐 걱정되는 것이다.

나도 세금을 많이 낸다. 이유는? 많이 벌기 때문이다. 경매를 하면서 알게 된 사실은, 많이 버는 만큼 세금도 많이 낸다는 사실이다. 너무 당연한 말처럼 들릴 것이다. 하지만 못 벌면 안 내고, 적게 벌면 세금도 적게 낸다는 사실을 깨달아야 한다. 세금은 번 돈 안에서 내는 것이니 벌지도 않았는데 떼어 가는 돈이 아니다. 재테크, 특히 부동산경매를 시작할 때 가져야 할 마음가짐은, '무조건 세금 안 내고 싶어'가 아니라 '세금은 버는 만큼 내는 것'이다. 안 그러면 늘 내가 번 돈을 뜯기는 것 같은 피해의식에 사로잡히게 된다. 그런 마음으로는 큰 부자가 될 수 없다. 정정당당하게 버는 돈만이 내 것이 될 수 있다. 그래서 나는 '절세하는 법'은 배워도 '탈세하는 법'은 알려고도 하지 말라고 이야기한다.

세금에 연연하지 말고 '돈을 버는' 데 집중하라

구더기 무서워서 장 못 담근다는 말이 있다. 장을 담그지 않고는 음식을 해 먹을 수 없었던 시절의 속담이다. 중요한 것, 내게 꼭 필요한 것, 간절한 것이 있는데 다른 걱정들 때문에 시작도 못 하는 건 어리석다. 경매도 마찬가지다.

세금을 낼 때 '아깝지 않다'고 생각하는 사람은 아마 없을 것이다. 많은 돈을 낼수록 더욱 그렇다. 나도 사람이기에 '와~ 세금 많이 나왔네. 아깝다.'라는 생각이 들 때가 있다. 하지만 그렇다고 물건을 보고 낙찰을 받기도 전에 세금부터 계산하지는 않는다. 어차피 내가 번 돈 안에서 나가야 할 돈이기 때문이다. 대신, 절세를 하는 방법을 아는 건 중요하다. 재산세, 종부세, 양도세, 소득세 등 다양한 세금을 내가 다 알 수는 없기에 낙찰 빈도수가 많아지고 자금이 커질 때에는 전문가에게 맡기고 세무사와 상담한다. 나에게 세금에 대해 물어 오는 경우가 많은데, 앞에서도 말했지만 이 모든 걸 다 알아서 경매를 하는 게 아니다. 나는 세금 전문가가 아니기 때문에 나 역시 전문가에게 일임한다. 그게 가장 좋은 방법이다.

우리가 해야 할 일은 '돈을 버는 일'에 집중하는 것이다. 일단 돈을 벌고 나서 가장 합리적인 선에서 전문가의 조언을 구하여 세금은 처리하면 된다. 우리는 세금을 내는 것보다 돈을 버는 게 더 중요한 목표이고, 그것이 우선이다. "그렇게 해서 손해를 보면 어쩌죠?" 앞에서도 말했지만, 그런 일은 없다. 조금 '덜' 벌거나 '더' 벌 수는 있겠지만 그조차 선택이다.

예를 들어, 물건을 하나 낙찰받고 시세차익을 1억 원 보았다고 하자. 1년 내 매도할 때와 2년, 5년, 10년 후 매도할 때 양도세는 각각 달라진다. 투자를 할 때 이 계획까지 다 할 수는 없다 하더라도 선택은 할 수 있다. 내가 양도세로 8천만 원을 내더라도 빨리 팔아서 2천만 원 이익을 보고 다음 건을 하겠다고 하면 그렇게 하면 된다. (물론 80퍼센트가 세금으로 나가는 경우는 거의 없다.) 아니면, 묵혀 두었다가 더 많은 차익을 보고 팔아도 된다.

세금 관련 법을 내가 바꿀 수는 없다. 탈세를 하겠다는 생각으로 재테크를 해서도 안 된다. 피해 갈 수 없다면 부딪혀 해결해야 한다. 그러니 세금 폭탄을 걱정하여 아무것도 하지 않는 건 바보 같은 일이다. 1원을 벌어도 돈을 벌기 위해 시작했다면, 그것에만 집중하면 된다. 합리적으로 세금을 많이 내는 멋진 부자가 되는 것도 좋은 목표이다. 나는 내가 버는 것의 50퍼센트는 세금으로 낸다는 생각으로 경매에 임하고 있다. '경매로 1억을 벌었는데 5천이나 세금을 내네'라고 생각하면 아깝지만, 결과적으로 '경매로 5천이나 벌었네'라고 생각하면 답은 간단하지 않은가?

3단계

왕초보는 필수,
중급·고급자도 되새겨야 할
경매 기본기 익히기

부를 갖기 위해서는 구체적인 목표를 세우라.

그 목표를 종이에 적어라.

목표가 있는 사람과 없는 사람의 인생은 확연히 다르다.

목표가 분명해야 성공도 빠르다.

브라이언 트레이시(Brian Tracy)_
세계적 비즈니스 컨설턴트, CEO, 베스트셀러 저자

가장 기본적인 경매 용어,
외우지 말고 알아만 두기

공부를 못하는 사람의 특징 중 하나는 '모든 걸 다 완벽하게 하려고 한다'는 것이다. 언제나 어떤 종목이나 '기본'은 참 중요하다. 그래서 이번 장에서는 경매와 관련해 한 번쯤은 이해하고 넘어가야 할 단어나 개념을 정리해 보려고 한다. 그러나 명심할 것이 있다. 이 책에 밑줄을 긋고 여러 번 적어 가며 이 개념들을 모두 외우려고 해서는 안 된다는 것이다. 그러다가는 책의 중요한 부분을 다 보지도 못한 채 앞에서 지치고 말 것이다. 재테크, 특히 경매는 이론과 실제가 매우 다르다. 관련 책을 열권 정독하는 것보다 개념 정도만 익힌 후 실전을 한 번 하는 게 훨씬 공부가 된다. 그야말로 백문이 불여일견이다. 한 번만 경험하고 나면 '이런 거구나' 알게 되는 것들이 있다. 글자로는 열 번 스무 번 보아도 이해 안 되던 것이 바로 이해가 된다.

물론, 경매라는 종목으로 돈을 벌기로 했는데 경매가 무엇인지, 또 경매를 하는 절차가 어떻게 되는지, 나한테 유용한 정보는 무엇이 있는지 모르는 건 불편하다. 그 불편함을 해소하고

소통하는 데 문제가 없도록 가벼운 마음으로 다음 내용들을
살펴보자.

[경매 기본 용어와 개념]

1. 경매의 종류

1) 부동산경매란?

부동산경매란, 법원에서 채무자의 부동산을 압류하여 매각
하고, 그 대금을 채권자들에게 배당해 주는 절차를 말한다. 정
해진 기일에 입찰자들이 원하는 금액을 써내면, 그중 가장 큰
금액을 쓴 사람이 낙찰받는다.

2) 임의경매란?

집을 담보로 은행에서 빌린 대출을 갚지 못했을 때 실시하
는 경매를 임의경매라 한다. 즉, '근저당권' '저당권' 등의 담보물
권자가 그 담보 물권에 대해 신청하는 경매다. 임의경매는 다른
경매와 달리 등기사항증명서에 표시되기 때문에 별도의 절차
없이 빠르게 진행된다. 또, 임의경매는 채무자가 빚을 갚으면 바
로 경매를 취소할 수 있다.

3) 강제경매란?

채권에 대한 공공증서나 판결문에 따라 하게 되는 경매를 강제경매라 한다. 담보가 아니라 개인의 신용 관계나 빚, 채권 채무로 인해 실행되는 경매를 말한다. 강제경매는 담보가 없으므로, 소송을 거쳐 판결문을 받아야 경매를 신청할 수 있다. 따라서 그 절차가 오래 걸린다. 강제경매를 실행시키는 권리는 압류와 가압류가 대표적이다.

강제경매는 판결문에 따라 경매가 진행되기 때문에 채무자가 빚을 갚아도 바로 취소는 불가능하다. 취소하고 싶다면 강제집행 정지를 신청하고 소송을 해야 한다. 낙찰자는 채무자가 강제집행 정지를 신청하지 않은 상황에서 빠르게 잔금을 납부해 소유권을 전이할 수 있다. 임의경매와 강제경매가 동시에 진행되는 경우도 있는데, 이를 '중복경매'라고 한다.

4) 형식적 경매란?

'실질적 경매'는 강제경매나 담보권 실행을 위한 경매 등 채권의 만족을 위해 실행되는 경매이다. 이에 반해 공유물분할 판결에 의한 경매처럼 특정 재산의 가격 보존 또는 정리를 주요 목적으로 실행하는 경매를 '형식적 경매'라 한다. 유치권에 의한 경매, 청산을 위한 경매, 공유물분할을 위한 경매 등이 이에 해당한다.

5) 지분경매란?

여러 사람의 이름으로 소유권 등기가 된 부동산이 있을 때 해당 소유권에 대해서만 경매가 진행되는 것을 말한다.

6) 무잉여경매란?

법원이 경매개시결정을 취소하는 것을 말한다. 무잉여경매는, 채권자에게 배당금이 1원도 배당되지 않는 경우에만 이루어진다.

2. 저당과 근저당

1) 저당이란?

부동산이나 동산을 담보로 돈을 빌리는 것을 저당이라 한다. 저당은 보통 1회성 거래일 때 설정된다. 만약 은행에 2억 원의 담보대출을 받는다고 하자. 그러면 1:1 비율로 빌린 돈만큼 기재된다. 채권자가 채무를 담보로 하기 위해 물건을 점유하지 않고 등기 기록에 권리를 기재해 두었다가 채권자가 돈을 갚지 않을 때 담보로 잡아 둔 부동산이나 동산을 경매로 처분해서 받을 수 있다.

2) 근저당이란?

근저당은 돈을 빌릴 때 집을 담보로 하는 것을 말한다. 개인 이든 은행이든 집을 담보로 하면 근저당이 되는데, 담보할 채무의 최고액을 정해 앞으로 발생할 채권을 그 범위 안에서 담보하게 된다. 예를 들어, 은행에 집을 담보로 1억 원을 대출받는다고 하자. 그러면 등기부등본에는 1:1.2의 비율인 2억 2천만 원이 설정된다. 대출 이자를 내지 못할 경우에 대비해 실제 대출 금액보다 조금 더 설정하는 것이다. 이를 '채권최고액'이라고 한다. 보통 제1금융권은 대출 금액의 120퍼센트, 제2금융권에서는 130퍼센트를 채권최고액으로 설정한다. 만약 채무자가 돈을 갚지 못한다면 채권자는 이 최고액 안에서 경매절차를 통해 돈을 받아가게 된다.

3. 압류와 가압류

1) 압류란?

국가기관이 재산처분이나 권리행사를 하지 못하게 하는 행위가 바로 압류다. 즉, 채무자가 자신의 재산을 마음대로 처분할 수 없도록 법적으로 묶어 두는 것이다. 경매에서는 금전채권에 대한 강제집행 1단계로서 집행기관이 채무자의 재산처분을 사실상 금지·확보하는 강제적 행위라 할 수 있다. 압류는 확정판결이나 기타 집행권에 의해 강제집행을 하기 위한 보전 수단으로, 소송 없이도 경매가 진행될 수 있다.

2) 가압류란?

소송 전 채무자가 소유물을 없애는 것을 막기 위해 재산을 묶어 두는 것을 가압류라고 한다. 강제집행을 보전하기 위해 임시로 채무자의 재산에 취하는 조치로, 채무자에게 알리지 않고 신청할 수도 있다. '소송을 하겠다' '강제집행을 하겠다' 할 때 채무자가 재산을 은닉하거나 도피할 수 있으므로 이를 방지할 수단으로 가압류를 하게 된다. 금전 또는 금전으로 환산 가능한 재산을 그대로 두면 향후 강제집행이 불가능할 수 있으므로, 미리 일반 담보가 가능한 채무자의 재산을 압류하여 강제집행을 보전하는 절차다.

압류가 법원의 확정판결에 근거해 채무자의 재산처분을 금지한다면, 가압류는 법원의 판결 절차를 통해 승소한 후 판결 확정을 받아야만 집행권원을 가지고 경매 신청을 할 수 있다.

4. 알아 두면 유용한 용어들

1) 가처분이란?

채권자가 채무자의 '재산 은닉', '제3자에 대한 양도' 등의 처분을 금지하고, 보관에 필요한 조치를 취하는 보전처분을 말한다. 쉽게 말하자면, 채무자의 재산(금전 외)을 가져오기 위한 처분이다. 소유권 반환청구권이나 임차물 인도청구권처럼 특정물에 대하여 청구권을 가진 채권자가 집행보전을 위해 현상 고정 유지 필요성을 느낄 때 취하는 조치다.

2) 전세권 설정이란?

소유자와 전세권자의 계약으로 임대한 건물을 담보화하는 것. 부득이한 상황, 예기치 못한 일로 물건이 경매로 넘어갈 경우에 보증금을 우선적으로 변제받을 수 있는 권리다.

3) 임차권이란?

소유주와 계약한 임차인이 집을 인도받은 뒤 부동산을 사용할 수 있는 권리를 말한다. 쉽게 말해, 임대차계약에 의해 임차인이 임차물을 사용하고 수익하는 권리다. 임차인이 임대인에게 임차보증금을 반환받지 못한 상태에서 이사를 가야 할 경우, 대항력을 유지하기 위해 등기하는 권리다. 임차권은 임대인의 동의가 필요 없으며, 그 효력은 임대 기간이 끝났음에도 보증금을 빼 주지 않을 때 행사할 수 있다.

5. 경매에서 가장 많이 쓰이는 용어들

1) 사건번호

사건번호란, 말 그대로 사건을 나타내는 번호를 가리킨다. 예를 들어, '2021타경 123'에서 2021이란 2021년의 사건이라는 의미며, 타경은 경매사건임을 뜻하고, 123은 사건접수번호를 가리킨다. 간략하게 '2021-123'과 같이 표기된다.

2) 담당법원

담당법원이란, 경매신청을 신청한 법원을 의미한다. 경매신청
은 부동산을 관할하는 법원을 찾아가 신청하게 되는데, 이때
그 신청을 하게 된 법원이 담당법원이 된다.

3) 매각 기일

매각 기일이란, 투자자들이 입찰할 수 있는 날을 뜻한다. 입
찰은 보통 아침 10시부터 시작하는데, 법원마다 입찰 시간이
다를 수 있다.

4) 경매0계

경매0계란 경매 물건을 관리하는 곳을 가리킨다. 부동산을
관할하는 법원에서 경매 물건을 관리하는데, 이때 이를 담당하
는 곳이 바로 경매0계이다.

5) 감정가

감정가란, 감정평가사가 법원의 명령으로 정한 가격을 말한
다.

6) 최저가

최초의 최저가는 감정가를 기준으로 산정된다. 유찰되면
20~30퍼센트 정도 낮아지는데, 이는 판사의 재량에 따라 달라

진다.

7) 보증금

보증금이란, 입찰에 참여하기 위해 지급하는 돈이다. 입찰자는 입찰 참여를 위해 최저가의 10퍼센트에 해당하는 돈을 보증금으로 지급해야 하며, 패찰될 경우 해당 금액은 돌려받는다. 만약 유찰되면, 판사의 재량에 따라 '특별매각조건'을 적용해 20~30퍼센트까지 보증금을 올릴 수 있다.

8) 소유자

해당 부동산의 소유자를 뜻한다.

9) 채무자

해당 부동산을 담보로 하여 채무를 진 사람을 말한다. 이때, 소유자와 채무자가 다르면 소유자가 보증인이 된다.

10) 채권자

해당 부동산으로 본인의 채권을 회수하고자 하는 사람을 말한다.

11) 정지

말 그대로 경매진행절차를 정지시키는 것이다. 채권자 혹은 이해관계인 신청으로 법원이 실행한다. 임의경매의 경우에는 경매정지를 위해 담보권 등기가 말소된 등기부등본 또는 담보권이 없다는(혹은 완전히 소멸되었다는) 확정판결, 혹은 채권자가 담보권 실행을 하지 않겠다는 서류나 담보권 실행 일시정지명령 재판 정본 등을 제출해야 한다.

12) 변경

변경이란, '새로운 사항 추가' '매각 조건 변경' '권리의 변경' '송달의 부적법' '입찰물건 명세서 작성 하자'와 같은 경매절차상 하자가 발생한 경우, 경매 일정을 변경하는 것을 의미한다. 이외에도 지정된 경매를 진행할 수 없거나 법원이 직권으로 변경하는 경우가 있다.

13) 연기

매각 기일을 연기하는 것을 말한다. 채무자나 소유자, 혹은 이해관계인의 신청에 따라 경매 신청 채권자의 동의를 얻으면 경매 연기가 가능하다. 단, 연기 횟수는 2회로 제한된다.

14) 취소

법원이 경매개시결정을 취소하는 것을 말한다. 채무의 변제나 경매 원인이 소멸한 경우, 혹은 잉여 없는 경매인 경우에 해당한다. 경매결정이 취소되면 집행법원은 이를 압류채권자에게

통지한다. 취소 결정이 나면 이해관계인은 즉시 항고할 수 있다.

15) 취하

경매신청을 철회하는 것을 말한다. 경매신청자가 경매신청을 철회할 경우, 더 이상 경매가 진행되지 않고 그대로 종결된다. 철회는 경매개시결정일부터 대금을 납부할 때까지 가능하다. 만약 최고가 매수인이 결정된 이후라면, 최고가 매수인의 동의가 있어야만 가능하다.

16) 기각

최저입찰가가 너무 낮아서 경매신청자에게 배당되는 금액이 없는 무잉여의 상태가 될 경우, 법원이 경매 행위를 취소시키는 것을 기각이라고 한다.

17) 각하

신청 시 절차 또는 형식이 부적법할 때 법원이 해당 신청을 받아들이지 않는 것을 의미한다.

18) 유찰

경매 응찰자가 없거나 자격 미달 또는 준비물 미비로 입찰 결과가 무효 선언되어 다음 경매로 넘어가는 것을 말한다. 유찰이 되면 보통 다음 입찰 시 금액이 20~30퍼센트 정도 낮아진다.

19) 제시 외 건물

공부(관청이나 관공서에서 법규에 따라 작성·비치하는 장부)상에
나오지 않은 건물을 뜻한다. 이는 곧 위반건축물로, 적발 시 이
행강제금이 부과된다.

20) 말소기준권리

채권에 대하여 법으로 정해 놓은 권리 중에서 가장 우선으
로 등재된 권리를 뜻한다.

21) 배당요구종기일

해당 부동산에 채권을 갖고 있는 사람이 경매를 통해 배당요
구를 해야 하는 기일을 말한다. 만약 배당요구종기일이 지난다
면, 그 이후에는 배당요구를 하더라도 배당을 받을 수 없다.

22) 대항력

주택임대차보호법에 의하여 임차인을 보호할 목적으로 제3
자에게 계약을 주장할 수 있는 권리를 말한다. 다만, 전입신고
와 점유 등 일정한 조건을 만족해야 한다. 경매 시 전입일이 말
소기준권리보다 빠를 경우, 대항력을 유지할 수 있다.

23) 전입신고

전입신고란 대항력의 기본 요소 중 하나로, 부동산에 살고

있음을 공시하기 위하여 주민등록을 신고하는 것을 말한다.

24) 확정일자

자신의 임대차계약(서류)이 있었음을 공증하는 방법이다. 주민센터에 가서 임대차계약서에 도장을 찍음으로써, 계약일이 있는 서류를 등록함으로써 확정일자를 받을 수 있다. 계약서를 분실한 경우, 재신고를 할 때 소급 적용이 되지 않으므로 주의해야 한다.

25) 배당요구

임차 중인 부동산이 경매되었을 때 임차인의 보증금을 낙찰대금에서 배당받겠다는 의사를 표하는 것을 말한다.

26) 소액임차인

보증금이 일정 금액보다 적은 경우에 소액의 보증금으로 임차하고 있는 사람이 선순위권리자보다 우선적으로 보증금을 변제받을 수 있는 권리를 말한다. 다만, 지역과 시기에 따라 그 기준 비용과 보장 내용이 달라질 수 있다.

27) 소유권보전등기

매매 그 자체를 막을 순 없지만, 순위를 보전하기 위해 미리 해 두는 등기를 말한다.

28) 소유권이전등기

매입자가 자기 것으로 등기를 이전하기 위해 행하는 등기를 말한다.

29) 경매개시결정

경매신청이 적법하다 인정되어 경매절차의 개시를 선고하는 법원의 결정을 뜻한다.

30) 가등기

'물권의 설정' '소유권 이전' '소유권 변경' '소멸의 청구권' 등을 보전하기 위한 등기를 '가등기'라고 한다. 가등기는 소유권이전 청구권가등기, 채권 확보를 위한 담보가등기로 구분된다.

31) 임차권등기

임대계약이 종료되었으나 임대인에게 임차보증금을 반환받지 못한 상태의 임차인이 이사를 가야 할 경우, 대항력을 유지하고자 등기하는 것을 말한다.

32) 권리분석

권리분석이란, 부동산의 권리 상태를 파악하는 것을 뜻한다. 소유권이전과 함께 따라오는 임대보증금, 가압류 등 다른 사람의 권리를 없애기 위해 낙찰자가 잔금 외 별도로 내야 하는 금액이 얼마인지, 인수되는 권리가 있는지 분석하는 것이다.

33) 임장

임장은 '현장조사'라고도 하는데, 낙찰받을 물건이 있는 곳을 직접 찾아가 교통이나 집의 방향, 유해시설 등 집 자체와 그 주변을 직접 눈으로 확인하는 것을 뜻한다.

34) 입찰

법원에서 경매에 참가하는 것을 말한다. 경매를 통해 낙찰된다면, 낙찰받은 사람은 법원에 잔금을 내는 동시에 소유주가 된다.

35) 배당

법원이 낙찰자에게 받은 돈으로 은행과 채권자 등에게 순번대로 돈을 갚아 주는 것을 말한다.

36) 명도

경매를 통해 집의 소유자가 바뀌었을 때 해당 부동산에 사람이 살고 있을 경우(집주인 혹은 세입자), 그들을 내보내는 것을 말한다. 쉽게 말해, 현재 타인이 사용 중인 나의 부동산을 넘겨받는 것이다.

경매 순서,
간단히 정리하고 넘어가기

경매와 관련한 기본적인 용어와 개념을 훑어보았으니, 이제부터는 경매 진행 순서를 살펴보자. 앞의 용어 해설보다는 조금 더 쉽게 와닿을 것이다. 용어나 개념과 마찬가지로 경매절차 역시 실제로 경험해 본 사람이 이론을 여러 번 공부한 사람보다 훨씬 빨리 터득할 수 있다. 직접 부딪쳐 보면 머리로만 알던 것과 현실이 어떻게 다른지 비교해 볼 수 있고, 이론이 실제로 어떻게 적용되는지도 체험할 수 있다.

경매절차는 가장 주요한 내용을 제외하고는 개인마다 조금씩 다를 수 있다. 그러나 오랜 시간 교육생들과 함께 수백 건의 경매를 통해 물건을 낙찰받아 본 결과, 이 기본을 지키는 것이 가장 효율적이면서 리스크를 줄일 수 있다는 결론에 이르렀다. 이 내용을 숙지한 후 소액으로 실제 경매에 도전할 때 반드시 적용해 보기를 추천한다. 내공은 기본을 잘 지키는 바탕 위에 자신만의 요령을 쌓을 때 생기는 것이다. 사소한 기본들을 놓치지 않고 자신의 약점을 보완할 수 있는 계획을 짠다면 금상첨화다. 어떤 사람은 '꼭 이 물건을 내 것으로 만들 거야!' 하는 조급한 마음 때문에, 또 '이 정도만 해도 충분할 것 같은데?' 하는 안일한 마음으로 기본 절차를 그냥 건너뛰거나 제대로 밟지 않는 경우가 있다. 그런 경우에는 반드시 문제가 생기고, 겪지 않아야 할 실패를 경험하게 된다.

다음 순서를 숙지하고 섬세한 부분을 잘 채운다면 실수를 줄이고 성공률을 높일 수 있다.

[입찰자가 지켜야 할 경매의 기본 순서]

1. 마련할 수 있는 투자금 정확히 확인하기
2. 투자 종목(주택, 상가, 토지) 선택하기
3. 투자 지역 고르기
4. 경매 사이트에서 물건을 검색한 후 공부서류 확인하기(배당, 권리, 임차인 분석)
5. 시세 조사 및 임장. 공부상, 현황상 일치 여부 확인하기
6. 입찰 게시판 확인하고 사건기록 열람한 후 경매 참여하기
7. 낙찰 후 잔금 치르고 소유권이전등기 하기
8. 대화 및 법원 절차로 명도하기
9. 매도 또는 임대하기

그러면 각 순서별로 하나씩 상세히 살펴보기로 하자.

마련할 수 있는 투자금 정확히 확인하기

이 순서를 1번으로 놓은 것은, 내가 경매에 운용할 수 있는 돈이 정확히 얼마인지 모른 채 낙찰을 받았다가 계약금만 날리는 경우가 생각보다 많기 때문이다. '누가 빌려 주기로 해서' '대

출이 분명 이만큼 나올 줄 알았기에' '어떻게든 되겠지 싶어서' 등의 이유로 일단 물건부터 잡고 보자는 식은 절대 금물이다. 실제로 가진 돈은 적은데 큰 덩치의 물건을 잡고 싶어서 욕심을 낸다면 결과는 실패로 돌아가고 만다.

가장 먼저 내가 경매에 투자할 수 있는 돈이 얼마인지 정확히 확인하도록 하자. 경매에서는 이 단계가 무조건 1번이다. 그리고 경매를 시작하는 초보 단계일수록 '돈을 많이 버는' 것에 집착하지 말고 '돈을 번다'는 사실에 집중해야 한다. 큰돈을 버는 일은 경험을 쌓으며 목돈을 만들어 가야만 가능하다는 것을 명심하자.

투자 종목(주택, 상가, 토지) 선택하기

투자 종목의 선택은 곧 내가 투자를 하는 목적과도 같다. 내가 살 집을 위해서인지, 가족을 위해서인지, 임대를 하기 위해서인지, 매도를 해서 단기 수익을 내기 위해서인지… 그 목적에 따라 선택하는 대상이 달라질 수 있다. 물건은 주택일 수도 있고, 상가일 수도 있으며, 창고나 토지일 수도 있다. 내가 이번에 투자를 하는 목적을 분명히 한 후 대상을 선택하도록 하자.

투자 지역 고르기

3번 순서는 1, 2번과도 맞물린다. 내가 가진 돈이 얼마냐에 따라서 지역이 달라질 수 있다. 아주 소액이라면 서울이나 서울 근교에 있는 물건을 낙찰받기는 쉽지 않다. 낙찰받아서 바로 매도하여 적은 금액이라도 수익을 볼 생각을 하고 있는데, 가진 금액이 적다면 지방을 선택해야 한다. 또, 내가 살 집인지 아닌지에 따라서 지역이 달라질 수도 있다. 내가 살 집이라면 일자리를 중심으로 알아보아야 할 것이다. 투자 종목에 따라 더 유리한 지역이 있을 수도 있다. 1, 2번을 신중히 고민한 후 그에 맞춰 투자 지역을 선택하는 것이 중요하다.

경매 사이트에서 물건을 검색한 후 공부서류 확인하기 (배당, 권리, 임차인 분석)

이 책의 뒷부분에서 '경매 사이트에서 물건 검색하기' 연습을 해 볼 것이다. 내가 가진 금액에 맞춰 종목과 지역을 선택했다면, 이제 구체적으로 물건을 검색해야 한다. 보통 경매로 나오는 물건들은 사연이 많기 때문에 등기부등본을 통해 그 사연을 살펴볼 수 있다. 여기서 사연이란 '권리가 복잡해 어려운 집' '거주 중인 사람이 쉽게 나가지 않을 듯한 집' '명도가 힘들어 보이는 집' 등을 말한다. 경매에 참여하기로 마음먹었다면, 이렇게 각 물건이 가진 사연들을 살펴보며 내가 감당할 수 있는지, 얼마나 위험한지 등을 확인하고 추려 내야 한다. 이것을 '권리분석'이라 한다. 쭉 보면서 추려 나가며 권리분석 단계를 거치면, 목표에 잘 부합하면서도 권리관계에서 문제가 없는 물건 목록이 완성된다.

물건을 검색할 때에는 보통 법원경매 사이트나 유료경매 사이트, 무료경매 사이트를 활용한다. 그래도 입찰자들이 가장 많이 이용하는 사이트는 정확하면서도 무료 검색이 가능한 법원경매 사이트이다. 유료경매 사이트의 경우, 비용은 들어도 관련 자료들을 검색하는 것이 쉽고 기초적인 권리분석도 제공한다는 장점이 있다.

시세 조사 및 임장. 공부상·현황상 일치 여부 확인하기

인터넷으로 모든 조사를 마쳤다면 이제 현장으로 직접 가 볼 차례다. 서류와 검색으로 조사한 내용이 현장과 일치하는지를 눈으로 직접 확인하는 것이다. 보통 현장조사는 경매 물건지를 방문해 확인하고, 부동산 중개업소에 들러 필요 사항들을 조사하는 식으로 진행된다. 예를 들어, 관심물건이 아파트라면 위치나 수리 여부, 미납 관리비, 주차장, 점유자의 유무, 집의 컨디션, 개발호재 등을 확인한다. 중개업소에서는 매매 시세와 전월세 시세, 거래량 등을 물어보고 확인하면 된다. 어떤 사람들은 이 현장조사 단계를 생략하기도 하는데, 결코 안 될 일이다. 아무리 인터넷으로 이중삼중 알아보았더라도, 현장과 다른 경우가 반드시 있을 수 있다. 나 역시 입찰하고 싶은 물건이 있어 임장을 나갔다가 입찰을 포기하고 올 때가 자주 있다.

임장은 경매에서 입찰자에게 가장 중요한 단추라고 해도 과언이 아니다. 경매 고수가 되기 위한 필수 과정이기 때문이다.

따라서 현장에 가서 점유자가 누구인지, 현장에서 확인되는 결점은 없는지, 다양한 서류를 바탕으로 조사한 것과 대조해 보며 다른 부분은 없는지, 유해시설이나 혐오시설은 없는지와 같은 디테일한 부분들을 반드시 체크해 보도록 한다.

 부동산경매, 임장에서 체크해야 하는 것들!

경매를 할 때 입찰자에게 가장 중요한 첫 단추가 바로 '임장'이다. 첫 단추가 잘못 꼬이면 끝날 때까지 속을 썩기 때문이다. 임장에는 공부상과 현황상 다른 부분이 없는지 확인, 물건의 컨디션 확인, 관리사무소 방문, 주변 환경과 입지 조건 확인, 공인중개사무소 방문, 조사 중인 경매 물건과 비슷한 조건의 매물 직접 확인하기 등등이 포함된다. 임장 활동은 하면 할수록 실력이 쌓인다. 부동산경매에서는 돈을 버는 것도 중요하지만 잃지 않는 게 더 중요하다. 아래 내용을 잘 숙지하여 입찰 전에 빠진 것은 없는지 꼭 점검하자.

1. 점유자가 누구인지 확인하자.
해당 부동산에 거주하고 있는 점유자는 누구일까? 아파트나 빌라 등 주거용 부동산에 살고 있는 사람들이 전입신고를 하게 되면 경매절차에서 공시가 된다. 주민센터에서 전입 세대 열람 내역부터 먼저 확인하자. 점유자를 확인해 보면 명도의 난이도가 수월할지 여부를 판단할 수 있다. 서류상 대항력이 있어 보이는 선순위 위장 임차인 물건이나 유치권 신고가 되어 있는 특수물건 등은 현장에서 답을 얻는 경우가 많다. 유치권 신고 물건은 현장조사 시 실제 그 부동산을 누가 점유하고 있는지 꼭 파악해야 한다. 소유주가 살고 있는 물건은 확인할 필요가 없다.

2. 공부서류를 지참한 후 대조 작업을 하자.
토지나 공장 등 경계가 불분명한 부동산에 입찰할 경우 감정평가서, 지적도, 건축물대장, 토지대장, 토지이용계획확인원 등 공부서류를 지참하여 현장에 가서 현황과 일치하는지 확인해야 한다. 토지의 경우, 진입로가 제대로 되어 있는지, 건축 허가가 가능한지, 기존 소유주에게 주어진 조건이 그대로 승계되는지 꼼꼼하게 확인하자. 빌라, 오피스텔,

연립의 경우, 실제 등기부등본이나 건축물대장상에 기재된 주소와 현황의 일치 여부를 확인해야 한다. 공부상 근린생활시설인데 현황은 주거형으로 사용하고 있는 경우에 매매가 어려울 수 있다.

3. 현장의 결점을 찾아보자.

현장의 좋은 점부터 보지 말고 결점부터 찾아보자. 일반 부동산을 매매할 때도 매수하려는 사람은 부동산의 단점부터 꼬집어 가격을 흥정한다. 입찰할 때도 매수자 입장이 되어 물건을 꼼꼼하게 살펴봐야 한다. 누수는 없는지, 건물의 방수공사는 제대로 되어 있는지, 채광(빌라나 반지하의 경우 필수)은 어떤지, 건물의 노후도는 어느 정도인지 점검해 보자. 요즘에는 대부분 차를 소유하고 있어서 세대당 주차 공간이 확보되어 있는지도 매우 중요하다. 특히 주차 공간이 부족한 빌라 밀집 지역에서는 주차 공간 여부로 매매나 임대가 결정될 수도 있으니 꼼꼼히 확인해 보자.

4. 연체된 공과금이나 추가공사 여부를 따져 보자.

상가의 경우 연체된 관리비가 수천만 원씩 되는 경우도 있다. 집합건물 체납 관리비의 경우 낙찰자가 3년 전까지 체납된 공용부분의 관리비를 부담해야 하기에 그 금액만큼 빼고 입찰가를 산정해서 미리 계산하여 입찰해야 한다. 또한, 체납된 관리비를 고려하여 낙찰받았다고 하더라도 점유자가 영업하고 있거나, 거주하면서 관리비가 연체된 경우에는 낙찰 후 관리사무소의 업무상 과실 부분을 짚어 가며 관리비를 조정해야 한다. 전기요금, 가스요금, 수도요금은 낙찰 후 등기부등본을 갖고 기관에 방문하거나 전화하면 소유권이전등기 후에 발생한 요금에 대해서만 납부하도록 처리해 준다. 빌라나 연립주택, 단독주택 등은 수도나 전기시설이 개별로 되어 있는지, 옥상에 방수공사나 마감공사가 제대로 되어 있는지 확인하여 추가적인 공사를 해야 할 경우 공사비를 감안하여 입찰가격을 산정한다.

5. 임장은 세 곳 이상의 부동산을 방문하자.

의외로 실전에서 투자를 하다 보면 이 부분에서 실수를 많이 한다. 경매는 조사한 시세를 기준으로 수익을 고려하여 입찰가를 정하므로 시세를 높게 조사해도 문제가 되고, 너무 낮게 책정해도 낙찰되지 못하기 때문에 기회를 잃게 된다. 법원의 감정가격은 기본적으로 채권회수를 위한 감정평가이므로 보통 시세보다 높게 책정되는 경우가 많다. 반대로 은행의 대출 감정은 돈을 빌려주기 위한 감정이므로 시세보다 낮은 편이다. 초보일수록 부동산 여러 곳을 방문하도록 하자. 처음에는 모르는 곳에 들어가는 것이 부담이 많이 되지만 경험이 쌓이면 부동산에 가는 것도 능숙해진다. 절대 부동산 한 곳의 말만 듣고 시세를 다 파악했다고 생각하면 안 된다. 그리고 비슷한 물건의 낙찰가보다 싼 급매물이 나와 있는지도 함께 확인하자. 매매 시세는 항상 매도가격과 매수 가격이 생각보다 차이가 커서 나누어 물어봐야 한다. 또한, 임대가격도 전세와 월세를 나누어 확인하도록 하자.

6. 주변에 학교가 있는지 확인하자.

주변에 학교가 있는지 파악한다. 특히 아파트나 빌라가 밀집된 곳은 자녀가 학생인 가정이 많아 집에서 학교가 가까운 곳을 선호한다. 특히 아직 보호가 필요한 초등학교가 있는 곳이 좋다. 학군이 좋은 곳은 매매가도 임대가도 떨어지지 않고 안정적이다. 그래서 가까운 곳에 학교가 있는지 꼭 살펴봐야 한다.

7. 편의시설, 주변 상권이 잘 발달해 있는지 확인하자.

편의시설이나 상권이 잘 발달해 있으면 편리하다. 주변에 마트, 병원, 은행, 관공서, 공원, 백화점, 영화관 등이 있는지 살펴본다. 편리할수록 사람들이 선호하고 부동산 가치는 더 올라가게 된다.

8. 교통이 편리한지 확인하자.

대부분 출퇴근할 때 대중교통을 많이 이용한다. 그러니 지하철역이나 버스 정류장이 가까운 곳이 좋다. 항상 지하철 역세권 주변의 집들은 부동산 경기침제에도 큰 영향이 없다. 입찰하려는 부동산이 지하철역이나 버스 정류장에서 도보 5~10분 내외면 아주 좋다. 버스든 지하철이든 둘 중 하나라도 만족할 만한 근접 거리에 있다면 괜찮은 물건이라고 판단한다.

9. 유해시설, 혐오시설이 있는지 점검하자.

현장에 가서 입찰 물건의 상태만 점검하고 곧바로 돌아오는 사람이 꽤 있다. 자신이 잘 아는 지역일 때는 괜찮지만 모르는 지역이라면 좀 더 시간을 투자하자. 주변에 납골당, 쓰레기 소각장, 화장터, 축사, 장례식장 등 혐오시설이 있는지 점검하고 철탑, 군용비행구역, 군부대 사격장이 있는지도 확인한다. 주변 환경과 소음은 부동산 매매가격에 매우 큰 영향을 끼친다.

임장과 공부서류까지 확인하고 판단이 섰다면, 매매가격을 확인한 후 '입찰가격'을 정해 입찰에 들어간다. 입찰의 핵심은 '입찰가'다. 입찰가는 반드시 현재 매매가격을 기준으로 해야 한다. 법원의 감정가는 오래전에 매겨진 것일 수 있으므로, 이를 믿고 했다가는 자칫 높은 금액을 써 내게 될 수도 있다. 그리고 감정가는 절대 매매가격이 아니다. 무조건 낙찰받는 것이 목표라면 높은 금액으로 입찰하면 되지만, 그러면 수익을 낼 수 없고 경매라는 종목의 메리트가 없어진다. 따라서 최대한 합리적이라 생각되는 입찰 금액을 정해야 한다.

입찰을 하러 법원에 가기 하루 전날까지 은행에 들러 물건의 보증금을 수표 1장으로 끊어가는 것도 좋은 방법이다. 수표 발행 은행은 어떤 은행이든 상관없다.

입찰은 오전 10시 즈음에 시작하여 12시 전후로 마감되는데, 법원마다 조금씩 다를 수 있으므로 꼭 미리 확인해 두는 것이 좋다. 법원에 비치된 입찰표에 '주소' '이름' '보증금액' '입찰 금액'을 기재한 뒤, 보증금 봉투와 입찰 봉투에 넣어 경매법정 앞에 있는 투명 입찰함에 넣으면 입찰이 완료된다. 이후, 시간이 되면 집행관이 개찰을 시작한다. 집행관은 사건번호와 입찰한 사람들을 호명하고, 패찰한 사람들은 그 자리에서 보증금이 들어 있는 입찰 봉투를 돌려받는다. 낙찰이 되면, 집행관이 "최고가 매수인은 ○○에 사는 ○○○입니다."라고 호명한다. 그렇게 낙찰 영수증까지 받으면, 물건의 주인이 된다.

💡 **낙찰가와 감정가의 차이**

'감정가'는 '이 물건의 가치가 이 정도 된다'라고 순수하게 물건의 가치만 놓고 평가한 가격이다. 따라서 감정가는 물건 자체의 평가일 뿐 시세와는 관련이 없기 때문에 감정가만 믿고 입찰가를 써내어서는 안 된다. 낙찰가는 매매 시세를 기준으로 수익이 나는 범위에서 매매가보다 싸게 써서 내일 바로 팔더라도 수익이 나는 금액으로 정해야 한다. 결론적으로 낙찰가는 수익률을 잘 따져본 후에 책정하는 것이 중요하다.

낙찰 후 잔금 치르고 소유권이전등기 하기

경매에 입찰할 때는 우선 최저가의 10퍼센트를 보증금으로 낸다. 그리고 낙찰되면, 정해진 날짜가 되기 전까지 법원에 잔금을 납부해야 한다. 낙찰 2주 후 매각확정판결이 이루어지면 납부를 진행할 수 있으며, 보통 1개월의 기한이 주어진다. 그리고 많은 사람이 이때 대출을 받는다. 전액 개인 자금이라면 법원에 방문해 납부하면 되지만, 대출이 필요한 경우라면 '경락잔금대출'을 통해 잔금을 납부해야 한다.

'경락잔금대출'이란 경매에서 낙찰된 뒤에 받는 대출을 뜻한다. 이 경락잔금대출을 해 주는 은행은 보통 법무사를 통해 일을 진행하는데, 이 과정에서 법무 비용이 발생하게 된다.

또 잔금을 치를 때는 집을 살 때 내는 세금인 '취득세'도 함께 준비해야 한다. 보통 경매를 할 때 '세금'에 대해 많이 알고 있어야 한다고 생각하는데, 그럴 필요는 없다. 단, 취득세를 내야 한다는 사실은 기억해 두자. 그리고 경매의 취득세율은 정부의 방침에 따라 달라진다. 따라서 취득 당시 세율이 얼마인지 알아야 정확한 금액을 확인할 수 있다. 보통은 대출을 받으면 법무사가 이 취득세를 계산해 알려 주고 납부를 대행해 준다. 이외에도 체납된 관리비와 체납 공과금이 있다면, 잔금 납부 후 명도 과정에서 공과금 정산 내역을 알아보고 점유자가 모두 납부하고 이사할 수 있도록 처리하는 과정이 필요할 수 있다.

이렇게 잔금을 완납하면 소유권을 인정받고, 소유권등기이전까지 이루어지면 소유자로서의 권리행사가 가능해진다. 소유권이전등기는 잔금 납부 이후 60일 이내에 신청해야 하며, 법원 촉탁으로 이루어진다.

대화 및 법원 절차로 명도하기

앞서 용어 설명에서 살펴보았듯, 명도란 경매를 통해 집의 소유자가 바뀌었을 때 점유자(낙찰받은 집에 살고 있는 사람)를 내보내고 부동산을 인도받는 것을 의미한다. 경매 물건의 소유권이 낙찰자에게로 넘어왔으니, 이 시점부터 해당 부동산의 점유자(거주 중인 사람)는 소유주의 허락 없이 타인의 재산을 점유하고 있는 상황이 된다. 이때 소유자로서의 권리를 행사하는 것이 명도이다. 만일 점유자가 임차인인 경우, 본인의 보증금을 낙찰금에서 모두 배당받는다면(배당금을 받기 위해 빨리 이사를 나가므로)

힘들이지 않고 명도가 가능하다. 반면 문을 닫아건 채 연락도 받지 않는 점유자도 있다. 상황이 불편하다고 해서 머뭇거릴 게 아니라 점유자가 이사 준비를 할 시간을 벌어 주기 위해서라도 빨리 만나는 게 낫다.

명도에도 난이도가 있는데 대화로 잘 풀어지는 경우가 있는 가 하면, 법원의 절차를 밟아야 할 때도 있다. 따라서 나 같은 경우 낙찰된 당일 A4용지에 낙찰받은 내용과(오늘 낙찰되었음) 낙찰자의 연락처를 적어 전달해 주고 온다. 언제든 편하게 연락을 할 수 있도록 말이다. '내용증명'을 보내어 압박을 줄 수도 있지만, 가뜩이나 힘든데 '내용증명'을 받아 불쾌할 수 있을 점유자의 상황을 배려하는 것이다. 가급적 부드러운 대화체로 종이에 손글씨를 써서 우편함이나 현관문에 붙여 두고 오면, 대부분 받아들이고 빨리 만나 문제를 해결할 수 있다. '내용증명'은 명도 과정에서 협상이 잘 안 되어 강제집행까지 가야 할 때, 최종적으로 보낸다. 사실 '내용증명'까지 보내는 일은 극히 드물다. 보통 그전에 명도 협상이 자연스럽게 마무리된다. 명도도 사람이 하는 일이다 보니 대화가 매우 중요하다. 법적인 내용은 서로 어느 정도 알고 있기에 서로 감정 상하며 일을 해결할 필요는 없다.

부동산경매 진행 절차

앞에서 소개한 것이 낙찰자 입장에서의 경매 순서라면, 여기에서는 실질적인 경매 진행 절차를 간략하게 정리해 보려 한다. 법원에서 경매를 진행하는 절차이므로, 한 번쯤 훑어보고 넘어간다면 실제 경험 시 조금 더 이해가 쉬울 것이다.

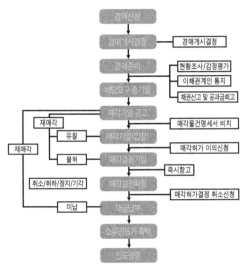

1. **경매신청** : 변제기가 다가온 채무를 채무자가 변제하지 못할 때 채권을 변제받고자 하는 채권자가 채무자 소유의 부동산을 강제 매각해줄 것을 법원에 요청하는 것.

2. **경매개시결정** : 채권자의 경매신청을 경매법원이 심사하여 적법하다고 판단될 경우, 이를 허가하는 법원의 결정. 경매개시결정이 내려지면 법원은 즉시 경매목적 부동산의 압류를 명한다. 등기소에 경매기입등기를 촉탁하고, 채무자 및 부동산 소유자에게 경매개시결정문을 송달한다.

3. **경매준비** : 경매개시결정이 내려진 후, 법원이 해당 부동산을 매각하는 작업에 들어가는 것. 정확한 점유 관계나 부동산 상태를 확인하기 위한 현황조사, 물건의 가치를 평가하기 위한 감정평가를 실시한다.

4. 배당요구 종기일 : 채권자들이 배당을 요구할 수 있는 기간. 집행법원은 절차에 필요한 기간을 감안하여 채권자가 배당 요구를 할 수 있는 종기일을 첫 매각 기일 이전으로 정하여 공고한다. 이때, 배당 요구를 반드시 해야 할 채권자와 꼭 하지 않아도 배당을 받을 수 있는 채권자가 있다. '집행력 있는 정본을 가진 채권자' '주택임대차보호법에 의한 소액임차인' '확정일자부임차인' '근로기준법에 의한 임금채권자' 등은 배당 요구를 반드시 해야 하는 채권자에 속하며, '경매개시결정등기 전에 이미 등기를 경료한 담보권자' '임차권등기자' '압류등기자' 등은 꼭 배당요구를 하지 않아도 배당을 받을 수 있는 채권자에 속한다.

5. 매각 기일 공고 : 배당요구 종기일 이후, 별도의 문제가 없을 시 법원이 직권에 의해 매각 기일을 정하고 법원 게시판과 신문, 전자통신매체에 공고하는 것. 이때, 매각물건명세서를 매각 기일 7일 전부터 일반인들이 열람할 수 있도록 경매계에 비치하는데, 현재는 열람 신청이나 법원의 경매 사이트에서 볼 수 있다.

6. 매각 기일(입찰) : 입찰일은 해당 부동산의 관할법원에서 실시하며, 이때 정해진 시간 내에 입찰표와 최저매각가격의 10퍼센트의 보증금을 함께 제출한다. 그렇게 경매가 진행되면, 최고가매수신고인 패찰한 입찰자들은 즉시 입찰보증금을 반환받는다. 만약 매수신고인이 없어 물건이 유찰되는 경우, 통상적으로는 20퍼센트~30퍼센트 저감된 가격으로 다음 기일을 정하여 다시 매각(입찰)하게 된다. ***

7. 매각결정기일 : 입찰일에 최고가매수신고인이 나온다 하더라도, 매수인의 결격 사유나 절차상의 문제가 없는 7일간의 조사 기간이 생긴다. 그렇게 조사가 끝나고 문제나 이의가 없다면, 매각허가결정이 떨어져 소유권이 완전히 낙찰자에게 이전된다. 이때, '즉시항고'가 나올 수 있는데, 이는 매각허가나 불허가에 이해관계인들이 할 수 있다. 말 그대로 즉시항고이므로, 매각허가결정일로부터 7일 이내에 제출되어야 한다.

8. 매각결정확정 : 매각허가가 결정된 뒤, 7일 이내에 즉시항고나 이의신청이 없을 시 매각허가 확정이 이루어지는 것.

9. 대금 납부 : 매각허가확정 후 법원이 발송하는 대금지급기한에 따라 대금을 납부하는 것. 통상적으로는 매각허가가 확정된 이후, 30일 내로 잔금 납부일이 설정된다.

10. 소유권등기 촉탁 : 매수인이 대금을 납부한 후, 부동산 소유권이 취득되고 등기가 이전됨.

11. 인도명령 : 매수인이 대금을 납부하여 소유권을 취득하면, 매각부동산의 점유자에게는 매수인에게 이를 인도할 의무가 생긴다. 만약 인도를 거부할 시, 강제집행을 하도록 신청하는 것이 인도명령이다.

12. 배당 : 낙찰자가 매각 대금을 모두 납부하면, 법원은 배당기일을 정한다. 그리고 채권의 순위에 따라 채권자들에게 배당을 진행한다. 이것으로 부동산 경매의 모든 절차가 끝난다.

경매 입찰 전 준비물 확인하기

　모든 일에는 '태도'가 중요하다. 작은 일에도 정성껏 준비하는 사람, 어떤 일이든 대충 하는 사람은 자신만 모를 뿐 그 결과가 차곡차곡 쌓여 나중에는 큰 차이를 만들어낸다. 경매는 거창한 공부나 대단한 자산이 필요한 건 아니지만, 그래도 절대 빠뜨려서는 안 되는 중요한 준비물들이 있다. 여기서 준비물이란 실제로 준비해야 하는 물건을 의미하기도 하고, 입찰 전에 기억해두어야 할 사항들을 의미하기도 한다.

　가끔 교육생들 중 특히 초보자 중에서 작은 준비 사항을 놓쳐서 원하는 물건을 놓치는 경우를 보게 된다. 정말 안타깝다. 이번 장에서는 경매에 들어가기 전 준비 사항들을 잘 챙겨본 후 실전에서 유용하게 활용하길 바란다.

[경매 입찰 전 준비해야 할 체크리스트]
1. 입찰 시간, 법원 미리 확인하기
2. 신분증 챙기기
3. 도장, 볼펜, 인주 챙기기
4. 입찰보증금 수표로 준비하기
5. 기일입찰표 미리 작성하기
6. 매각 진행 여부 확인하기

위 6가지는 반드시 잘 챙기도록 해야 한다. 그러면 각 항목에 대해 간단한 설명을 덧붙이도록 하겠다.

입찰시간, 법원 미리 확인하기

부동산경매는 물건별로 해당 법원에서 진행된다. 그러므로 입찰 전에 미리 법원을 확인하고, 위치를 알아 두는 것이 좋다. 특히, 경매 입찰은 진행 법원마다 시작 시간이 다르므로, 처음 방문하는 법원으로 가게 된다면 여유롭게 시간을 갖고 이동하는 것이 좋다. 입찰 마감 시간이 지나면 서류를 낼 수 없기 때문이다. 확인 방법은 대법원 사이트로 들어가 해당 사건번호를 검색하면 된다. (그림 참조)

신분증 챙기기

입찰을 위해 법정에 오는 사람은 신원 확인을 위해 반드시 신분증이 필요하다. 유효 기간이 확인된 주민등록증, 운전면허증, 여권 등을 준비한다.

인감도장, 볼펜, 인주 챙기기

본인이 직접 입찰하는 경우에는 막도장도 가능하다. 볼펜과 인주는 법원에 비치되어 있긴 하지만 사람이 많을 경우에는 차례를 기다리다 접수 시간이 촉박해질 수 있으므로 챙겨가는 것이 좋다.

입찰보증금 수표로 준비하기

입찰보증금은 최저매각가격의 10퍼센트이다(재매각물건일 경우에는 특별매각조건으로 입찰보증금이 20퍼센트로 올라갈 수 있다). 입찰보증금은 현금으로 내도 되지만 보증금은 대체로 몇백만 원에서 몇천만 원에 달하므로, 수표 한 장으로 제출하는 것이 좋다. 법원 내에 은행이 있긴 하지만 당일에는 시간이 촉박할 수 있으므로 하루 전에 미리 보증금을 준비해두면 좋다.

기일입찰표 미리 작성

초보자의 경우, 처음 입찰에 참여하게 되면 입찰장 분위기에 압도되어 서류를 작성하다가 실수하는 일이 벌어지곤 한다. 따

라서 가격을 적는 기일입찰표를 미리 다운로드받아 작성해두면
이런 사고를 미연에 방지할 수 있다. (그림참조)

　　다운로드 방법은 [법원경매정보사이트 ⇨ 경매지식 ⇨ 경매
서식 ⇨ 기일입찰표 및 위임장 다운로드]의 순서로 진행하면 된
다. 유료 경매정보사이트를 이용하면 입찰표 작성이 조금 더 편
리하다.

매각 진행 여부 확인하기
　　입찰 당일, '취하' '취소' '변경' '연기' 등의 매각 진행 여부를 반
드시 확인해야 한다. 경매는 당일에 변경되는 경우가 있기 때문
에 이를 확인하지 않고 법원에 갔다가 헛걸음만 하는 사람도 종

종 있다. 다음 방법을 이용해 매각 진행 여부를 확인할 수 있다.

 대법원 사이트를 이용한 매각진행 여부 확인 방법

1. 네이버 검색창에 '법원경매정보 사이트'를 입력한 후, 아래 대한민국법원 법원경매정보로 이동한다.
2. 법원경매정보 사이트에서 '경매사건 검색'을 클릭한다.
3. 입찰할 물건의 관할법원을 선택한 뒤, 사건번호를 입력하고 검색한 후 관련 사건내역을 조회한다.
4. 종국결과에서 진행, 변경, 취하 여부를 확인한다.

세연쌤이 알려주는
'권리분석'의 모든 것

경매 물건은 일반 매매 물건보다 싸게 살 수 있다는 큰 장점이 있는 대신, 여러 이해 관계자 때문에 복잡한 사연을 지닐 수 있다는 단점이 있다. 그렇다고 무작정 겁부터 먹을 필요는 없다. 권리분석을 해보자고 하면 복잡해서 골치가 아프다고 생각하는 사람도 있는데, 이 역시 실전에서 한 번만 해보고 나면 그리 어렵지 않다는 걸 알게 된다. 그리고 절대 외우려고 하지 말자. 앞에서 알려준 경매 용어부터 권리분석까지… 공부를 하다 보면 자꾸 줄을 긋고 달달 외우려고 하는데 그러면 경매가 진짜 어렵게 느껴진다. 그냥 아… 이런 게 있구나, 정도로 이해만 해두자. 혹시 읽다가 너무 지루하고 어렵게 느껴진다면 다음 장으로 점프해서 읽어도 된다. 그리고 이 장은 시간 날 때 틈틈이 보면서 익혀두도록 하자.

물론, 물건을 선택할 때는 일단 시세보다 싸다고 무조건 달려들기보다는 낙찰 후 문제가 생기지는 않을지 꼼꼼하게 따져보는 게 중요하다. 앞에서도 말했지만 이 물건이 지닌 사연이 '내가 감당할 수 있을지' 여부를 잘 살펴보는 것이다. 이것을 우리는 '권리분석'이라 한다고 했다. 경매 물건에 대한 분석을 통틀어 '경매 분석'이라고 하는데, 이는 곧 다음 3가지로 나눌 수 있다.

권리분석

권리분석이란 경매로 진행되는 부동산에 인수가 되는 권리가 있는지 없는지를 판단하는 것을 말한다. 쉽게 이야기하자면 경매로 낙찰받은 부동산을 다른 사람이 빼앗아갈 권리들이 있는지, 잔금 외 인수하는 금액이 있는지 확인하는 것이라고 볼 수 있다. 내공이 있는 투자자 중에는 오히려 권리관계가 복잡한 부동산을 선호하는 사람도 있다. 일반인들에게는 선호도가 낮다 보니 저렴하게 낙찰받을 수 있기 때문이다. 하지만 능숙하게 권리문제를 해결할 자신이 없는 경매 초보자라면, 권리문제가 복잡한 부동산은 피하는 것이 좋다.

임차인 현황분석

임차인 현황분석이란 경매를 통해 낙찰받으려는 건물에 있는 임차인들에 대한 정보를 확인하는 것을 말한다. 건물에 세입자가 몇 명이나 있는지, 전입일, 확정일자는 받았는지 배당요구는 했는지 등을 확인하는 것이다. 임차인 현황분석을 하는 이유는 이를 미리 확인하지 않았다가 난감한 상황이 생길 수 있기 때문이다. 일전에 한 분이 자신이 살 집으로 낙찰받은 집에 이사를 하려는데, 세입자가 나타나 보증금을 요구해서 난감한 적이 있다. 이런 상황과 추가적인 금전적 손실을 막기 위해서 하는 것이 임차인 현황분석이다.

배당분석

배당분석이란 몫을 받아가야 할 채권자들이 배당신청을 했는지, 했다면 얼마씩 받아가는지를 확인하는 것을 말한다. '경매로 부동산을 사는 사람과 경매로 배당을 받아가는 사람은 서로 상관이 없지 않나?'라고 생각할 수 있지만, 만약 채권자 중에 보증금을 받지 못한 세입자가 있거나, 배당신청을 하지 않은 세입자가 있다면 낙찰받은 사람이 이에 해당하는 금액을 내주어야 한다. 따라서 이런 경우에는 오히려 시세보다 훨씬 비싸게 부동산을 산 꼴이 되어버리므로, 배당분석 역시 정확하게 이루어져야 한다.

경매 권리분석, 제대로 할수록 '내 것'을 지킬 수 있다

경매분석에 있어 가장 중요한 것은 권리분석이다. 경매로 진행되는 부동산에 나 외에 다른 사람이 찾아가야 할 권리가 있는지 없는지를 판단하는 것을 권리분석이라 한다. 낙찰자가 세입자의 보증금을 떠안아야 하는지 여부를 확인하는 것이 권리분석의 가장 핵심이다. 그렇다면 권리분석은 어떻게 하는 것일까?

등기부등본을 꼼꼼하게 확인하라.

모든 시험문제의 답은 교과서에 있다고 하듯, 권리문제에 대한 답은 등기부등본에 다 있다. 등기부등본은 집의 이력서와도 같다. 집의 크기, 위치, 집주인 생년월일까지… 모두 나온다. 따라서 권리분석을 할 때는 등기부등본을 꼼꼼하게 살펴보면서 누가 얼마를 갚으라고 하는지(압류, 가압류 상황), 누가 이 집을 경매로 신청했는지 등을 체크한다. 등기부등본상 권리관계는 경매유료 사이트에서도 확인이 가능하다. 이때는 요약된 등기부 현황뿐 아니라 '건물등기부'를 클릭하여 상세 내용을 확인하자. 내용 중 '표제부', '갑구', '을구' 등의 내용들을 살펴본다. 마지막으로 접수 날짜를 확인하여(모든 권리는 날짜순으로 기재되므로 꼼꼼하게 살펴보자), 말소기준권리를 찾으면 된다.

말소기준권리를 찾아보자.

말소기준권리란, 경매절차에서 매각으로 소멸되거나 낙찰자에게 인수되는 권리를 판단하는 기준이 되는 권리를 말한다. 이 말소기준권리를 기준으로 이전 권리는 낙찰자에게 인수되고, 이후 권리는 매각 후 소멸되어 낙찰자가 부담하지 않게 된다. 말소기준권리의 기준은 '근저당' '저당' '가압류' '압류' '전세권' '경매기입등기' '담보가등기'이다. 이 7가지 기준은 돈을 받는 것이 목적인 권리로 말소의 기준이 되기에 낙찰 후에는 소멸된다.

🏠 **말소기준권리의 7가지 기준**

앞 글자만 따서 순서대로 외우기

근	근저당
저	저당
가	가압류
압	압류
전	전세권 등기
경	경매 개시 결정
담	담보 가등기

'근' '저' '가' '압' '전' '경' '담'이라는 앞글자만 따서 표시한 것은 외우기 쉽게 하기 위함이다. 서류를 볼 때도 머릿속에 담아 둔 앞글자만으로 살펴볼 수 있으니 용어가 정확히 기억나지 않는다고 당황할 필요는 없다. 자, 실전 연습을 해보자.

순서	접수일	권리종류	권리자	채권금액	비고	소멸
갑(1)	2020-04-16	소유권보존	김상식			소멸
을(1)	2020-04-16	근저당권설정	복원신협	600,000,000	말소기준등기	소멸
을(4)	2021-08-17	전세권설정	최아름	60,000,000	범 위 2층 동남측 중앙 42.9㎡ 존속기간: 2021.08.17 ~ 2023.08.16	소멸
을(5)	2021-08-20	근저당권설정	김기주	286,000,000		소멸
갑(4)	2022-03-10	가압류	원주제일신협	26,089,071	2022카단10224	소멸
갑(5)	2022-05-10	가압류	복원신협	100,000,000	2022카단126	소멸
갑(6)	2022-05-11	압류	원주세무서장			소멸
갑(7)	2022-10-13	임의경매	복원신협	청구금액 521,950,133	2022타경2355	소멸
갑(8)	2022-10-24	가압류	도이치파이낸셜(주)	70,557,324	2022카단10973	소멸

날짜가 가장 빠른 것이 말소기준권리가 되므로, 빨간색으로 표시된 부분이 말소기준등기에 해당한다(비고란에도 쓰여 있으므로 쉽게 찾을 수 있다). 그리고 '권리종류' 항목에 보면 '근저당권 설정'이라 쓰여 있다. 말소기준권리가 되는 7가지 '근저가압전경 담' 중 가장 첫 번째인 '근'에 해당하므로 말소기준등기를 포함해서 후순위 권리들은 모두 소멸된다.

인수되는 권리를 찾아보자.

말소기준권리와 그 이후 설정된 권리들은 매각으로 소멸되어 전액을 배당받지 못해도 낙찰자에게 인수되지 않는다. 하지만 모든 권리가 무조건 소멸되는 것은 아니다. '근' '저' '가' '압' '전' '경' '담' 7가지 외에 낙찰자에게 인수되는 권리가 또 있을 수 있다. 바로 '배당요구를 하지 않은 선우위전세권' '건물철거 및 토지인도청구 가처분' '유치권' '법정지상권'이 매각으로 소멸되지 않고 낙찰자에게 인수되는 권리들이다. 다음 그림을 한번 보자.

순서	접수일	권리종류	권리자	채권금액	비고	소멸
갑(2)	2020-05-22	공유자전원지분전부이전	(주)대원도시개발		매매, 상호변경전:(주)착율도시개발	
을(5)	2020-09-29	근저당권설정	한밭새마을금고	247,000,000	말소기준등기	소멸
을(13)	2021-06-09	근저당권설정	한밭새마을금고	545,000,000		소멸
을(20)	2022-05-20	근저당권설정	김주양	240,000,000		소멸
갑(8)	2022-06-30	가압류	조은주	12,000,000	2022카단23	소멸
을(22)	2022-09-22	근저당권설정	송인완	168,000,000		소멸
갑(12)	2023-03-28	임의경매	김주양	청구금액 240,000,000	2023타경104188	소멸
갑(13)	2023-08-16	임의경매	한밭새마을금고		2023타경6642	소멸

기타사항   ▶ 도솔로251번길 85(계정동) (계정동,다가구주택주건축물제1동) 건물 등기부상

⚠ 주의사항

▶ 유천희사 부경산업개발의 유치권 신고(공사대금 441,794,230원)가 있으니, 그 성립여부 불분명.

　　빨간색으로 표시된 부분을 보자. 비고란에 '말소기준등기'라고 되어 있다. 따라서 말소기준등기 뒤의 권리들은 소멸된다는 걸 알 수 있다. 하지만 그 아래 주의 사항(분홍색 박스)을 보면, 유치권이 신고된 것이 보인다. 유치권이 성립되었다는 건 매각으로 소멸되지 않고 낙찰자에게 인수된다는 걸 의미한다. 이런 부분들을 잘 살펴야 한다.

　　임차인의 권리를 분석해보자.

　　임차인의 권리분석은 부동산을 점유하고 있는 임차인이 대항력을 갖추었는지 아닌지, 배당 절차에서 보증금을 전액 배당받는지 아닌지, 그리고 낙찰자가 인수해야 하는 금액이 있는지를 확인하는 단계다. 여기서 가장 핵심적인 것은 바로 '대항력'이다. 대항력이란 '임차한 주택이 경매를 통해 소유자가 변경되

었더라도, 계약한 임대차 기간 동안 계속해서 거부주할 수 있으며, 기간이 종료되면 임차보증금을 전부 돌려받을 수 있는 권리'를 말한다. 임차인에게 대항력이 있으면, 임차인은 경매절차에서 다음과 같은 방법으로 보증금을 돌려받을 수 있다.

첫째, 법원에 배당요구를 신청하여 부동산이 낙찰된 뒤에 보증금을 배당받는다.
둘째. 배당요구를 하지 않고 낙찰자에게 반환을 요구한다.

첫 번째의 경우, 임차인이 보증금을 전액 배당받는다면 문제될 것이 없다. 하지만 배당받지 못한 금액이 있다면, 나머지 보증금은 낙찰자가 반환해야 한다. 그러므로 두 번째의 경우, 그 금액을 감안하여 입찰 여부 및 가격을 결정해야 한다. 여기서 중요한 것은, '어떤 경우에 대항력이 성립되느냐'는 것이다. 임차인이 대항력을 확보하기 위해서는 임대차계약 이후 주택을 인도받아 실제로 점유해야 하며, 반드시 전입신고를 해야 한다. 그렇게 전입신고를 하고 나면 다음 날부터 대항력이 발생하게 된다.
대항력은 다른 권리와 마찬가지로 말소기준권리보다 후순위인 임차인은 대항력이 없다. 그러므로 낙찰자에게는 인수되지 않는다. 또한 임차인이 보증금을 배당받지 못하더라도 낙찰자는 보증금을 반환할 필요가 없다. 하지만 대항력의 발생 시점이 말소기준권보다 빠르다면, 낙찰자가 배당받지 못한 금액을 인수하게 되므로 반환해주어야 한다.

법원경매 서류 및 인수되는 권리를 찾아보자.

임차인 권리분석 단계까지 거쳤다면, 이제 필수 서류들을 확인해야 한다. 그중에서도 법원에서 제공받을 수 있는 매각물건명세서를 확인해야 하는데, 등기부나 임차인 현황에는 나오지 않지만 낙찰자가 인수해야 하는 권리가 표시되기 때문이다(만약 매각물건명세서에 명시되지 않은 인수 조건이나 기재 내용에 하자가 있다면 이는 매각불허가 사유가 된다. 매각불허가에 대해서는 앞에서 설명한 바 있다). 이처럼 매각물건명세서에는 가장 중요한 정보들이 요약 및 정리되어 있으므로, 다음 내용들을 꼼꼼히 체크해 보도록 한다.

A. 최선순위 설정 일자: 말소기준권리라고 생각하면 된다.
B. 현황 조사 및 임차인의 권리 신고 내역: 임차인이 있다면 대항력과 배당 요구 여부 등을 확인해 인수할 보증금이 있는지 파악한다.
C. 등기부등본상의 권리 중 매각으로 소멸되지 않는 것: 배당요구하지 않은 선순위전세권 및 선순위담보가등기, 가압류, 가처분 등 낙찰자에게 인수되는 권리를 말한다.
D. 비고란: 유치권, 법정지상권 등과 같이 등기부에 기재되지 않는 권리 중 인수되는 사항이나 특별매각조건을 체크한다.

물권과 채권의 배당 순서 알아보기

부동산에 설정된 권리들은 크게 채권과 물권으로 나뉜다. 경매에 막 입문한 초보자라면, 두 용어의 차이를 이해하면 많은 도움이 될 것이다.

① 물권: 물권이란, 물건에 대한 권리를 말한다. 이는 모든 사람에게 주장할 수 있는 권리로, 배당에서 금액 전부를 받을 수 있는 힘이 있으며, 제3자에게도 대항할 수 있는 힘을 가지고 있으므로 등기부등본에도 기재된다. (근)저당권, 전세권, 소유권, 점유권, 지상권, 유치권, 지역권 등이 이에 해당한다.

② 채권: 특정인에게 일정한 행위를 청구할 수 있는 권리를 말한다. 채권은 채무자와 채권자, 둘 사이에만 주장할 수 있는 권리이므로 제3자에게는 주장할 수 없다. 모든 채권자는 평등한 위치에 있으므로, 배당을 받을 때 모두 같은 순위를 가진다. 그렇게 같은 순위에서, 비율에 따른 금액을 공평하게 나누어 갖게 된다. 압류, 가압류, 가처분, 임차권 등이 이에 해당한다.

쉽게 이야기하자면, 물권은 채권을 강화한 것이라고 볼 수 있다. 물권은 물건을 대상으로 하며, 채권은 특정한 사람을 대상으로 한다고 생각하면 좀 더 이해가 쉬울 것이다. 물권과 물권이 충돌할 때는 먼저 성립한 것이 우선순위를 가진다. 그러나 물권과 채권이 충돌할 경우에는 물권이 우선되는 것이 원칙이다. 따라서 누군가에게 돈을 빌려줄 때, 채권보다 물권을 갖는 것이 돌려받기가 더 수월하다. 만약 부동산에 근저당권을 설정하고 돈을 돌려받지 못했을 경우라면, 부동산을 경매 신청하면 된다. 즉, 물권은 해당 물건에 대한 절대적인 권리를 가지며, 양도나 임대 등에 대한 자유가 보장되지만, 채권은 상대권이며 양도성이 제한되는 것이다.

물권과 채권의 배당 순서
기본적으로 물권은 '우선배당'이며, 채권은 '안분배당'이다. 배당순위의 원칙에 따라 '저당권', '전세권' 등의 물권은 등기부에 올라간 등기 설정일에 우선 배당된다. 하지만 채권 상호 간에는 채권자 평등의 원칙에 따라 안분배당(채권 비율)이 이루어진다. 다음 예시를 통해 배당 순서를 알아보자.

예시) 낙찰가 3억 2,000만 원
　　(1) 22년 3월 15일, 근저당 1억 원
　　(2) 22년 4월 1일, 임차권 2억 원
　　(3) 23년 1월 2일, 가압류 2천만 원
　　(4) 23년 5월 23일, 가압류 2천만 원

위 경매사건에서 근저당권은 물권이고, 가압류는 채권이다. 그런데 그 사이에 임차권이 있다. 임대차계약은 당사자 간의 계약으로, 원칙적으로는 채권이다. 그런데 임차인이 전입신고를 하고, 확정일자를 받아 채권이 물권화가 되었다. 따라서 위 경매사건의 매각 대금 3억 2천만 원은 다음과 같은 순서로 배당된다.

(1) 근저당권 1억 원
(2) 임차권 2억 원
(3) 가압류 1천만 원
(4) 가압류 1천만 원

물권은 채권보다 강력하게 보호받을 수 있으며, 물권이 2개라면 성립순서에 따라 우선순위가 결정된다. 따라서 물권에 속하는 '근저당권'과 '임차권'은 권리가 성립한 날짜대로 배당을 받게 되며, 채권에 속하는 '가압류'는 평등원칙에 따라 비율대로 배당을 받게 된다.

권리분석

임	임차인이 없으면 권리분석 끝!
대	대항력이 있는지 없는지 (전입 신고)
배	배당 요구를 안했으면 100% 내가 인수
종	종기일(배당요구종기일) 지나서 배당요구는 인정 안됨
확	확정일자는 보통 전입일자와 같지만, 늦게 한 경우 주의

'임대배종확' 순서대로 최종 확인을 해 보자.

- 임 : 임차인이 없거나 소유자가 있으면 권리분석할 게 없다. 대항력이 있고 없고를 따질 필요가 없다는 뜻이다. 항

상 임차인의 보증금만 신경 쓰면 된다.

- 대 : 대항력이 있는지 없는지 전입신고 일자로 따져 본다.
- 배 : 배당요구를 안 했으면 100퍼센트 내가 인수한다. 대항력이 있는 경우 배당요구를 안 했으면 아무리 확정일자가 빠르고 순번이 빠르다 하더라도 100퍼센트 낙찰자가 인수한다.
- 종 : 배당요구종기일 지나서 하는 배당요구는 인정되지 않는다.
- 확 : 확정일자는 보통 전입일자와 같지만, 늦게 한 경우 주의해야 한다. 확정일자는 배당 순서이기 때문에 늦게 할수록 배당이 뒤로 밀려 위험해질 수 있다. 확정일자가 전입일자보다 늦을 수도 있고, 어떤 경우에는 더 빠른 경우도 있다. 전입을 뺏다가 넣었을 수도 있는데, 보이는 대로 받아들이면 된다.

이렇게 등기부에 문제가 없는 경우, 위 그림 순서대로 절차를 거쳐 인수한다. 임차인이 없거나 소유자가 있다면, 권리분석을 할 게 없다. 대항력이 있고 없고를 따질 필요가 없기 때문이다. 이런 경우, 임차인의 보증금만 살피면 된다. 그러므로 전입신고 일자를 통해 대항력이 있는지를 확인하고, 배당요구를 안 했다면 100퍼센트로 인수한다.

한 가지 더. '배당 순서'를 알아 두면 도움이 된다. 다음 표를 보자.

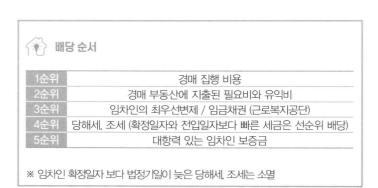

	배당 순서
1순위	경매 집행 비용
2순위	경매 부동산에 지출된 필요비와 유익비
3순위	임차인의 최우선변제 / 임금채권 (근로복지공단)
4순위	당해세, 조세 (확정일자와 전입일자보다 빠른 세금은 선순위 배당)
5순위	대항력 있는 임차인 보증금

※ 임차인 확정일자 보다 법정기일이 늦은 당해세, 조세는 소멸

경매절차가 완료되면, 법원은 낙찰가 내에서 관련자들에게 배당을 해 준다. 대항력이 없는 임차인이 있거나 소유주가 있는 경우에는 보증금을 인수할 게 없기에 배당 순서를 따질 필요가 없다. 대항력이 있는 임차인의 경우에만 따져 보면 된다. 배당금을 따져 보는 이유는 인수할 금액이 있는지 없는지를 확인하기 위해서다. 표를 보면, 선순위보다 항상 먼저 배당을 받아가는 3명이 있다. 1~3번에 해당하는 이들이다.

- 1번 : 법원(경매 집행비용, 필요비와 유익비 → 예상 배당표에서 금액 확인)
- 2번 : 소액임차인(최우선변제 → 지역마다 다름, 가장 최초로 설정된 근저당 날짜를 기준), 임금채권(체납 급여 3개월치 / 체납 퇴직금 3년치 우선변제 → 법인인지 확인)

• 3번 : 당해세, 조세(임차인의 확정일자 이전에 체납된 세금)

이렇게 대항력 있는 임차인보다 이 세 곳에서 먼저 받아간다. 그런 후 권리에 따른 순위배당이 되는 것이다. 다음은 임차인의 확정일자 순서대로 임차인의 보증금을 받아가게 되는데, 만약 낙찰가에서 다 배당이 안 되는 경우(예를 들어, 임차인이 3억을 받아야 하는데 1억 정도가 부족하다면) 낙찰자가 그 금액을 인수하게 된다.

임차인이 없거나 소유자가 있으면 권리분석이 수월하거나(하지 않아도 되고), 대항력이 없는 물건은 인수할 금액이 없어 안전하다. 경매에선 대항력이 무척 중요하다는 걸 알고 신경 쓰길 바란다. 그러나 오랜 경험으로 볼 때 안전한 물건이 훨씬 많다. 처음 경매에 도전하는 사람이라면 대항력이 없는 물건부터 도전해서 성공 경험을 쌓아 보길 바란다.

주택도시보증공사(HUG)의 대항력 포기한 물건 찾는 방법!

대항력이 포기된 사실을 아는 것과 모르는 것은 큰 차이가 있다. 포기된 게 확인되면 임차인 보증금을 다 못 받아도 말소되어 낙찰자에게 인수되지 않는다. 대항력이 있어서 포기하려고 했던 물건이기 때문에 경쟁이 적고, 아는 사람만 하게 되어 수익이 좋다. 그래서 주택도시보증공사(HUG)의 대항력 포기한 물건 찾는 방법에 대한 팁을 주고자 한다.

주택도시보증공사는 우리가 흔히 알고 있는 전세보증보험을 가입하는 대표적인 기관이다. 서민 주거 안정을 위한 전세보증금 반환보증, 임대보증금보증, 분양보증, 주택보증 업무, 주택도시기금 전담운용과 같은 일을 하는 국가기관이다. 그러면 이런 주택도시보증공사가 대항력을 포기한다는 말은 무슨 의미일까? 이 말을 이해하려면 주택도시보증공사의 전세보증금반환보증 과정을 살펴보아야 한다.

주택도시보증공사 전세보증금반환보증

주택도시보증공사 전세보증금반환보증은 전세계약 종료 후 임대인이 임차인에게 보증금을 돌려주지 못하면 HUG에서 이를 책임져 주는 제도로써, 임대인이 임차인에게 보증금을 돌려주지 못하면 대신 반환해 주는 제도이다. 임차인은 HUG에게 보증금을 우선 돌려받아 나가고, 임차인의 임차권은 그대로 HUG에게 승계되어 HUG가 집주인에게 구상권을 청구하게 된다. 그런데 HUG에 변제를 해야 하는 집주인이 변제할 돈이 없을 확률이 높다. 그러면 HUG는 채권을 회수하기 위해 임대인이 가지고 있는 부동산을 경매에 넣게 된다. 여기까지가 HUG가 보증보험에 가입한 임차인의 임차권을 양수한 자로서 경매에 물건을 내놓는 과정이다. 그렇다면 물건을 경매에 내놓은 HUG가 왜 대항력을 포기하는 일이 벌어질까?

주택도시보증공사가 대항력을 포기한 물건

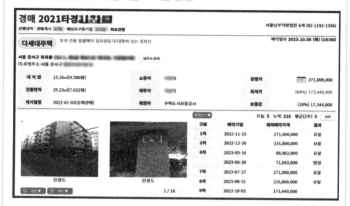

예를 들어, 이 건은 앞서 설명한 과정을 거쳐 채권자가 주택도시보증공사이며 경매 신청을 한 물건이다. 채권자에 주택도시보증공사라고 적혀 있는 것이 보이는가?

임차인 현황을 보면 보증금 2억 2,500만 원이 선순위로 되어 있다. 이 물건은 2억 2,500만 원 이상을 써야 낙찰자에게 인수되는 금액이 없는 물건인 것이다. 그래서 위와 같이 계속 유찰되었다.

이러한 구조적인 문제 때문에 주택도시보증공사는 받아야 할 돈을 변제받지 못하고 경매 물건이 계속해서 유찰되고 있었다. 그래서 주택도시보증공사에서는 경매 진행과 채권 회수를 원활하게 하기 위해 대항력 포기 조건을 내건다. 위 기타 사항에 형광펜으로 표시해 놓은 문구를 보라. 배당받지 못하는 잔액에 대한 보증금은 포기하고 임차권을 말소해 주겠다는 문구가 쓰여 있다. 이 말이 무슨 의미냐면, 선순위 임차인 보증금을 낙찰자가 인수해야 한다는 고정 관념을 깨는 것이다. 그럼 이런 물건들이 기회가 될 수 있다. 대항력 있음이라고 빨간색 글자만 보여도 패스하는 사람이 많기 때문이다. 그래서 이런 물건을 찾아내면 경매에서 경쟁을 줄일 수 있고 수익을 많이 낼 수 있다.

마지막으로 HUG에서 대항력을 포기한 물건만 찾아내는 나만의 꿀팁을 전수하고자 한다.

주택도시보증공사가 대항력을 포기한 물건만 필터링해서 볼 수 있는 방법이 있다. 다름 아닌, 주택도시보증공사 홈페이지에서 친절하게 공지해 주는 내용을 살펴보는 것이다. 다음 순서를 거쳐 들어가 보자.

1. 주택도시보증공사 홈페이지로 들어간다. 메인화면에서 고객지원센터를 클릭한다.
2. 경매 물건정보를 클릭한다.
3. 임차권 인수조건변경부 경매 목록을 클릭한다. 여기에 들어가면 주택도시보증공사에서 대항력 포기한 물건만 목록으로 만들어 놓았다. 엑셀 파일을 다운로드 받을 수 있다.
4. 인수조건변경부경매목록을 클릭해 엑셀 파일을 다운로드한다.

5. 다운로드한 엑셀 파일을 열면 사건번호와 주소, 관할법원까지 친절하게 적혀 있다. 이걸 보고 경매 사이트에서 경매사건번호를 검색해 보면 허그의 대항력 포기 물건을 쉽게 찾을 수 있다.

마지막으로 중요한 포인트! 매각물건명세서에 인수조건 변경 문구를 꼭 확인한다. 엑셀에는 기재되었지만 법원 매각물건명세서에 기재가 되지 않았다면 주의해야 한다. 매각물건명세서까지 체크했다면 완벽하다.

경매는 쉬운 물건이 대부분이고 웬만하면 다 수익을 낼 수 있다. 경매 경험을 계속 쌓다 보면 이렇게 경쟁을 줄이는 물건을 찾게 되고, 그러다 보면 초보일 때보다 훨씬 많은 수익을 낼 수 있다. 대항력을 포기한 사실을 아는 것과 모르는 것은 입찰에서 큰 차이가 있다. 대항력이 있어 안 하려 했던 물건도 포기된 것을 확인하면 마음이 바뀔 수 있으니 꼭 확인하자. 유료 경매 물건에는 HUG 대항력 포기한 물건의 카테고리가 따로 있고, '인수조건변경'이라고 표시가 되어 있어 쉽게 찾을 수 있으니 이 내용도 참고하자.

인도명령과
강제집행에 대해 알아 두기

인도명령과 강제집행이 무엇인지, 어떻게 해야 하는지 등은 경매 과정에서 겪게 될 상황에 대비해 알아 두는 것이 좋다. 경매는 안전한 투자이지만, 어떤 일이든 문제는 생길 수 있다. 가능한 한 관계자 간에 서로 부드럽게 문제를 해결하는 것을 원칙으로 하되, 꼭 필요한 부분은 알고 대처할 수 있어야 하므로 간단히 짚고 넘어가자.

인도명령 신청이란?

인도명령 신청은 법원의 인도명령을 통해 합법적으로 인도를 받는 절차로, 낙찰 대금을 완납한 이후부터 신청할 수 있다. 인도명령을 신청하면, 자칫 큰 어려움을 겪기 쉬운 점유자와의 협상을 좀 더 수월하게 진행할 수 있다. 그럼 지금부터 부동산 인도명령에 대해 알아보자.

인도명령은 매수인이 매각 대금을 납부하고 소유권을 취득했음에도, 채무자나 점유자가 해당 부동산을 점유하고 있는 경우 법원에 신청할 수 있다. 계속 무단으로 점유하고 있는 점유자들로 인하여 매수인(소유자)이 사용수익을 얻지 못한다면, 법원에 신청하여 점유자로부터 그 부동산을 인도받을 수 있도록 하는 것이다. 인도명령 신청은 반드시 매각 대금 납부일로부터 6개월 이내에 해야 한다. 이때, 매수인에게 대항할 수 있는 자를 제외하고는 전부 인도명령 대상이 된다.

매수인에게 대항할 수 있는 점유자는 선순위임차인, 선순위 전세권자, 유치권자, 법정지상권자이다. 인도명령 결정은 통상 1~2주일 이내에 내려지게 된다. 그리고 법원은 인도명령 대상자에게 인도명령결정문을 송달한다. 이후 신청인(매수인)은 본인에게 송달된 '인도명령결정문'과 상대방에게 송달되었다는 '송달증명원'을 가지고 관할법원의 집행관 사무실로 찾아가 강제집행 신청을 하면 된다. 그렇게 강제집행 신청이 접수되면, 별도의 강제집행 사건번호가 부여되어 담당 부서와 담당관이 배정된다. 마지막으로 강제집행을 하게 되면, 법원 집행관이 직접 가서 점유자의 집에 있는 모든 물건을 밖으로 내놓게 된다.

통상 실무에서, 매수인은 점유자에게 강제집행 비용을 이사비로 대신해 합의를 한다. 그러나 이사비를 꼭 주어야 한다는 법은 없다. 배당을 받아가는 임차인은 낙찰자의 명도 확인서와 인감증명서가 필요하므로, 서류를 준비해 주고 명도를 하면 된다. 이사비를 주는 경우는 점유자가 소유자이거나, 배당을 못

받는 임차인일 경우에 원활한 협상을 위하여 주는 것이다. 대부분의 임차인들이 인도명령 송달을 받으면 심리적으로 위축되므로, 이때 이사 비용 등 문제를 협상하면 생각보다 쉽게 합의를 볼 수 있다. 그렇게 합의가 이루어지면 강제집행취하 신청서를 작성하여 제출하고, 만약 합의가 이뤄지지 않는다면 강제집행을 진행한다. 하지만 실제로 강제집행까지 가는 일은 거의 없다. 즉, 인도명령은 명도를 위한 유용한 카드라고 보면 된다.

인도명령 신청은 매각 대금 납부와 동시에 진행하는 것을 추천한다. 협상이 잘되다가도 점유자가 약속을 이행하지 않거나 변심하는 경우가 상당 경우 발생하기 때문이다. 그때가 되어 인도명령 신청을 하면 2주 정도가 소요된다. 그러면 낙찰자는 그 기간 동안 잔금 납부를 함과 동시에 대출이자도 내야 하고, 사용수익은 볼 수 없어 이래저래 손해를 보게 된다. 게다가 잔금 납부 후 6개월이 지나게 되면 인도명령 신청을 할 수 없게 되고, 명도소송을 별도로 신청해야 하는 상황에 처할 수 있다. 그러니 합의가 잘 이뤄지면 언제든 취하시킬 수 있으므로, 무조건 매각 대금 납부와 동시에 인도명령 신청을 진행하도록 하자. 단, 나의 경우에는 명도 협상 시 점유자의 힘든 상황을 충분히 배려하며 서로 좋은 방향으로 협상하는 것을 원칙으로 삼는다.

인도명령 인터넷 (전자소송) 신청 방법
(https://scourt.go.kr/scourt/index.html)

인도명령 신청을 편리하게 하는 방법은 법무사에 맡기는 것이다. 법무사를 통해 경락잔금대출을 받고 잔금 납부 시 서비스로 해 주는 경우도 있지만, 일반적으로 5~10만 원 정도의 비용이 들어간다. 이를 아끼고자 하는 경우, 인터넷으로 신청하면 된다. 다음 순서를 보고 참고하라.

1. 로그인 후 '민사집행'을 클릭한다.

2. '부동산인도명령 신청서'를 클릭한다.

3. 다음 목록들을 체크하여 작성한 뒤 확인을 클릭한다.
   - '소송유형'   : 민사집행
   - '법원'   : ex. 서울지방법원
   - '사건번호'   : ex. 2024타경1234
   - '당사자명(경매신청자)'   : ex. 하나카드

4. '전자소송 동의'를 체크한다.
   - '당사자(낙찰자)' 작성을 클릭한다.

5. '내 정보 가져오기'를 클릭한다.
   - 표시를 다 작성하고 저장을 클릭한다.

6. 소명서류, 첨부서류(매각물건명세서, 낙찰보증금영수증이나 대금완납증명서)를 등록한 후 작성을 완료한다.

7. 결제(송달료) 후 법원에 전화하여 접수 여부를 확인한다.

8. 이후, 인도명령 판결을 받으면 상대방도 인도명령 판결 정본을 송달받았는지를 확인해 본다. ('나의 소송' 메뉴에서 확인이 가능하다)

강제집행 신청하는 법

강제집행이란, 채권자의 신청으로 집행권원에 표시된 사법상의 이행청구권을 국가권력에 의하여 강제적으로 실현하는 법적 절차를 말한다. 강제집행은 합의가 잘되지 않는 점유자를 내보내기 위한 합법적인 절차이며, 법원에서 경매 낙찰자에게 주는 하나의 권리다. 강제집행을 하기 위해서는 집행권원이 있어야 하는데, 이를 위해서는 집행 사실을 기재한 공증을 받거나 지급 명령, 조정, 화해 등을 통해 판결이나 동일한 효력을 얻어야 한다.

경매에서는 인도명령을 통해 그 효력을 인정받으며, 인도가 용이하지 않을 시 집행까지 진행하는 경우가 있다. 경매 낙찰자는 적법한 절차에 따라 점유자로부터 해당 부동산을 인도받아야 한다. 그런데 명도 합의가 제대로 이뤄지지 않을 경우, 강제집행을 통해 부동산을 인도받게 된다. 물론 부동산경매를 하면서 강제집행까지 가는 경우는 극히 드물다. 보통은 강제집행 진행 전에 협의가 이루어져 인도가 되기 때문이다. 하지만 안타깝게도 점유자와 원만한 합의가 이루어지지 않는 경우라면 지금부터 이야기할 강제집행이라는 절차를 참고해 활용해야 한다. 그럼 지금부터 강제집행을 신청하기 전에 살펴 두어야 할 요소들은 무엇인지, 그 방법과 절차는 어떻게 이루어지는지 알아보자.

먼저, 강제집행 신청을 위해서는 다음 절차들이 완료되어야
한다.

1. 인도명령신청 인용
2. 인도명령결정문 송달 완료

강제집행은 낙찰자 본인 및 점유자에게 인도명령결정문이 송
달된 뒤에 신청이 가능하다. 만약 점유자가 인도명령결정문을
송달받지 않았을 경우, 특별송달을 거쳐 공시송달로 절차가 진
행된다.

통상적으로 부동산 인도집행은 1차로 일정한 유예기간을 지
정해 채무자 스스로가 인도할 것을 촉구한다. 그러나 유예기간
내에 인도하지 않으면, 2차로 기일을 지정해 부동산 인도집행을
실시하게 된다. 강제집행 신청은 '법원에 직접 방문'하여 신청하
는 방법과 '우편으로 신청'하는 두 가지 방법이 있다.

A. 법원에 방문하여 신청할 경우

법원에 방문하여 신청하는 경우, 우선 3가지를 준비해야 한
다. '신분증' '인도명령결정문 정본' '막도장'이다. 준비를 마쳤다
면, 이제 법원으로 간다. 필요 서류를 발급하기 위해서다. 경매
계로 방문해 '경매, 기타 집행접수' 창구로 간다. 그리고 비치된
신청서를 작성해 '집행문' '송달증명원' '확정증명원'을 발급받는

다(법원에 따라 서류 양식과 업무 처리 방식이 다를 수 있다). 발급받을 때는 1통당 500원의 비용이 발생한다. 서류를 발급받았다면, 이제 다음으로 할 일은 '강제집행신청서'를 제출하는 일이다. 집행관실에 비치된 '강제집행신청서'를 작성하고, 경매계에서 준비한 서류들과 함께 제출한다(마찬가지로 신청서 양식은 법원마다 다를 수 있다). 그렇게 강제집행 신청을 하면, 신청이 완료되었다는 접수증과 함께 법원으로부터 '은행에 집행비용을 예납하라'는 납부서를 받는다. 그러면 법원에 있는 은행으로 가서 납부하면 된다. 이는 강제집행을 위한 경비 중 일부 금액을 먼저 예납하는 것이다. 보통은 150~300만 원 정도로 (평당 10만 원) 형성되지만 법원마다 다를 수 있으며, 집행이 끝난 뒤 미사용 금액은 반환받을 수 있다. 이렇게 예납금까지 납부하면 강제집행 신청이 완료된 것이다. 이후부터는 추후 계고 및 강제집행 일정에 따라 움직이면 된다.

예상 집행비용

접수비	약 100,000원 × 명도접수건수
운반비	5ton 60만원, 2.5ton 30만원, 1ton 15만원
보관비	5ton 컨테이너 기준1대당 월 20만원(3개월 보관)
노무비	노무자 1인당 90,000원 공휴일 또는 야간명도, 집행불능시 노무자 1인당 20~30% 추가 ※ 인원산정(전용면적기준) - 20평 미만 : 5평당 3명 - 25평 이상 : 12명 + 5평당 2명 - 50평 이상 : 20명 + 5평당 3명

기타	사다리차, 포크레인 등 장비 및 특수인원 투입(별도지급) ※ 사다리차 (1시간 / 반나절 / 하루) – 15층 미만 (10만원 / 30만원 / 45만원) – 15~20층 (15만원 / 40만원 / 55만원) – 21~23층 (25만원 / 50만원 / 70만원) – 24층 이상 (협의 / 협의 / 협의) ※ 포크레인. 50만원 (하루, 인건비 포함) (별도지급) – 열쇠공, 증인 2명 필요 (별도지급) ※ 열쇠집행 5만원, 열쇠교체 개당 3만원 ※ 증인 1명 3~5만원
전용면적	○○○.○○㎡ 또는 ○○평
층수	○층 ▢ E/V 있음 ▢ E/V 없음
컨테이너	○대(전용면적 80㎡내의 기준 1대로 책정하면 무난함)

예) 전용 25평 APT(10층)

접수비	100,000	
운반비	600,000	5ton 1대
보관비	600,000	20만원 × 3개월
노무비	1,080,000	25평 (90,000 × 12명)
기타	200,000	사다리차
총비용	2,580,000	

참고로 집행비용은 진행 도중에 계속 추가 납부할 수 있다. 이 때, 낙찰받은 부동산의 소재지가 멀리 있거나 법원에 오기가 힘들 경우, 법원에 있는 법원보관금을 수납하는 은행을 확인한다. 그러면 본인 거주지 인근의 동일 은행에서도 납부가 가능하다.

B. 우편으로 신청할 경우

법원에 직접 방문하지 않고 우편으로 강제집행 신청을 할 경우, 법원과 서류를 주고받는 시간이 생기기 때문에 법원 방문보다 약 일주일 정도의 시간이 더 소요된다. 우편으로 강제집행을 신청하기 위해서는 우선 '집행문' '송달증명원' '확정증명원'을 우편으로 받아야 한다. 그리고 제증명신청서를 작성하여 '인도명령결정 정본' '수입인지' '신분증 사본'을 첨부한다. 봉투 겉면에 주소를 작성하고, 익일특급 우표를 붙인 뒤 거기에 서류를 돌려받을 봉투까지 동봉하여 법원으로 보낸다. 그러면 법원 담당자가 반송용 봉투에 발급한 서류를 넣어 다시 보내 준다. (전자수입인지 출력하는 곳 - https://www.e-revenuestamp.or.kr/)

법원에서 서류가 도착하면, 이제 강제집행 신청서를 작성한다. 그렇게 작성을 마치면 법원으로부터 받은 '집행문' '송달증명원' 등의 제증명 서류와 신분증 사본을 넣어 법원 집행관실로 우편 발송한다. 그리고 예납 안내문(접수증)을 받을 수 있는 팩스 번호를 적어 보내면 강제집행 신청 서류를 받은 뒤 법원에서 팩스로 접수증을 보내 준다. 그렇게 팩스로 예납 안내문까지 받으면 절차가 거의 마무리된 것이다. 안내문에 적힌 금액을 지정된 가까운 은행에 가서 납부한다. 그러면 강제집행 신청이 완료된 것이다.

이렇게 두 가지 방법 중 하나를 통해 강제집행 신청이 접수되면, 해당 부동산에 강제집행관이 방문하여 계고를 진행한다. 그렇게 1~2주 이내로 강제집행 기일을 지정하는데, 그렇게 강제집행을 하게 되면 '집행자' '낙찰자' '참관인 2명' '열쇠 전문가' '노무자'를 대동해 집행을 실시하게 된다.

판결문을 송달받은 후, 2주일 내에 상소(항소, 상고)를 제기하면 판결은 확정되지 않는다. 또한, 판결의 내용이 소유권이전등기절차를 이행하라고 하는 등의 가집행선고가 없는 판결이라면, 판결이 확정되기 전에는 강제집행을 할 수 없다. 그러나 판결에 가집행선고가 있는 경우에는 상소가 제기되어, 판결이 확정되지 않았더라도 채권자는 집행문을 부여받아 강제집행을 실시할 수 있다. 이 경우, 채무자는 강제집행정지신청을 하여 강제집행을 일시 정지시킬 수 있다.

강제집행정지 신청을 하려면 항소장을 원심법원에 접수하고, 강제집행정지 신청에 '항소장 접수증명서' '인지 1천 원'을 첨부하여 소송 기록이 있는 법원에 제출해야 한다. 이유가 있는 경우, 법원은 강제집행의 일시 정지를 명하는 결정을 하게 된다.

보통 강제집행 절차가 복잡하고 어렵다고 느낄 수 있는데, 미리 걱정할 필요가 없다. 이런 절차들은 공부로 배우는 것이 아니라 실제 상황이 일어났을 때 하나하나씩 부딪쳐 가며 자연스럽게 알게 된다. 그러니 절대! 겁먹지 말기를 바란다.

경매 입찰 시 이런 문제가 생긴다면?

경매를 통해 낙찰을 받았는데 받기 전까지는 보이지 않던 문제가 보이게 되는 경우가 있다. 쉽게 말하자면, 예상했던 것과 달리 낙찰을 받은 것이 오히려 손해임을 알게 되는 것이다. 이미 낙찰은 받아 버렸고, 보증금조차 돌려받지 못하고 끝내자니 보증금 역시 적은 돈이 아니다. 이때 진행할 수 있는 것이 바로 '매각불허가' 신청이다. '신고되지 않은 유치권자가 유치권을 주장하는 경우' '물건 현황이 감정평가 내용과 다른 경우' '매각물건명세서에 나타나지 않은 선순위 임차인이 있는 경우' '물건에 심각한 문제(훼손 등)이 있는 경우' 등 매각허가 진행이 불가능할 경우 '매각불허가 신청'을 할 수 있다. (민사집행법의 경우, '매각불허가 신청'이라고 하지 않고 '매각허가에 대한 이의신청사유'라고 한다.) 다음은 법원이 인정하는 매각불허 신청 사유이다. 다음 내용 중 하나라도 해당한다면, 민사집행법 제121조에서 규정하는 바에 따라 매각허가에 대한 이의를 신청할 수 있다.

1. 강제집행을 허가할 수 없거나 계속 진행할 수 없는 경우

   예를 들자면, 낙찰을 받고 일주일 동안 매각허가를 검토하던 중에 채무자가 채무를 상환한 경우가 여기에 속한다.

2. 최고가매수신고인이 부동산을 매수할 능력이나 자격이 없는 경우

   예를 들면, 낙찰자가 미성년자이거나 금치산자(재산을 다스리는 것이 금지된 사람)인 경우가 여기에 속한다.

3. 부동산 매수 자격이 없는 사람이 최고가매수신고인을 내세워 매수신고한 경우

   채무자가 타인을 내세워 낙찰을 받은 경우, 법원에서는 이를 다른 채권자를 기만하는 행위로 간주한다.

4. 최고가매수신고인의 대리인 또는 최고가매수신고인을 내세워 매수신고한 사람이 제108조 각호 가운데 어느 하나에 해당하는 경우

   '다른 사람의 매수신청을 방해한 사람' '부당하게 다른 사람과 담합하거나 그 밖에 매각의 적정한 실시를 방해한 사람' '민사집행절차에서의 매각에

관하여, 형법에 규정된 죄에 유죄판결을 받고 그 판결 확정일로부터 2년이 지나지 아니한 사람' 등에 해당할 때를 말한다.

5. 최저매각가격의 결정, 일괄매각의 결정 또는 매각물건명세서의 작성에 중대한 흠이 있는 경우

6. 천재지변 혹은 그 외 낙찰자 본인이 책임을 질 수 없는 사유로, 부동산이 현저하게 훼손된 사실 또는 부동산에 관한 중대한 권리관계가 변동된 사실이 경매절차 진행 중 밝혀진 경우

7. 그 밖에 중대한 잘못이 있는 경우

위의 7가지 사유 중 하나에 해당한다면, 낙찰허가결정(낙찰 후 7일 이내) 전에 '매각불허가 신청서'를 작성하여 관할법원의 민사집행과 사건접수 창구에 접수하도록 한다. 신청 취지와 신청 이유를 작성하고 첨부서류를 제출하면 된다. 그 내용이 불허가 신청 사유에 직접적으로 해당된다면, 간단히 그 내용만 적어도 인용이 가능하다. 하지만 조금 애매한 경우라면, 관련 법률 및 대법원 판례 등을 근거로 다양한 이유들을 제시해야 한다. 또한, 신청 이유에도 중대한 하자에 대해 순번을 정하여 논리적으로 정리하고 이에 대한 결론까지 정리함으로써 최대한 성의를 다하면 인용될 가능성이 있다.

추가로, 사유를 입증할 수 있는 첨부자료도 필요하다. 예를 들자면, 매각물건명세서나 사진 등을 함께 제출하면 된다. 추가적인 팁을 주자면, 사건을 접수하기 전에 해당 경매계 담당자에게 불허가를 신청하는 사유를 충분히 설명하면 좋다. 이렇게 불허가 신청서를 제출하고 일주일 동안 다른 이해당사자의 별도 이의신청이 없어 매각불허가 결정이 나면, 해당 경매계에서 전화가 온다. 그러면 보증금을 법원에 직접 받으러 갈지, 아니면 계좌로 받을지 이야기한 뒤 보증금이 입금되면 마무리가 된다.

세연쌤이 알려 주는
경락대출에 대한 모든 것

경매에서 가장 중요한 부분은 뭐니 뭐니 해도 대출이다. 특히 '사랑하는 소액님'들은 최대한 '대출'이라는 레버리지를 이용해 '최대'한의 수익을 내야 하기 때문이다. 경매를 시작할 때 모두가 궁금해하는 '대출'에 대해 상세히 알아보자.

앞에서 '경락잔금대출'에 대해 알아보았다. 이에 대해 가장 궁금해하는 내용을 Q&A로 정리했으니 살펴보자.

Q. 경락잔금대출은 얼마나 나오나요?

A. 경매 물건에는 감정가라는 게 있다. 감정가의 60퍼센트 또는 낙찰가의 80퍼센트 중에서 낮은 쪽으로 대출해 주는 것을 원칙으로 한다. 보통은 감정가의 60퍼센트가 낮아서 낙찰가의 70퍼센트 정도 대출을 받을 수 있다고 생각하면 된다.

Q. 만약 내 투자금이 3천만 원이라면?

A. 3천만 원이 있다면 내 투자금의 3배까지 입찰가를 쓸 수 있다고 개념을 잡으면 된다. 나머지 6천만 원은 대출 레버리지를 이용해 9천만 원까지 입찰가를 쓸 수 있고, 물건의 시세는 최소 1억 2천만 원은 돼야 3천만 원의 수익을 낼 수 있다.

Q. 세연쌤 영상을 보면 대출을 92퍼센트까지 받은 사례가 있는데 가능한 건가요?

A. 실제로 다가구 입찰 시 대출을 92퍼센트까지 받은 낙찰자가 있었고, 지금도 90퍼센트까지 받는 이들이 많다. 하지만 경락잔금대출만으로 92퍼센트까지 받기는 쉽지 않다. 이런 경우에는 신탁대출이라고 해서 방공제(대출 금액에서 방 개수에 따라 금액을 공제하는 것. 단, 아파트, 빌라의 경우 방 1개만 공제)를 하지 않고 대출을 해 주는 신탁대출을 활용한다. 다가구는 가구수가 굉장히 많기 때문에 한 가구당 방공제를 한다면 아마 대출금이 거의 없을 것이다. 그래서 다가구, 상가주택 같은 가구수가 많은 물건은 방공제가 없는 신탁대출을 이용한다. 또한, 낙찰가가 높으면 대출 비율은 낮아진다. 만약 낙찰가가 조금 높았다면 90퍼센트가 아닌 80~85퍼센트 정도 받을 것이다.

Q. 경락잔금대출은 모든 은행에서 가능한가요?

A. 그렇지 않다. 경매를 잘 모르는 사람은 집 주변 은행에서 경락잔금대출이 되는지 물어보는데, 많이 안 나올 것이다. 경락잔금대출을 취급하는 지점은 따로 있다. 이런 은행이 어디인지 알아보려면 어떻게 해야 할까? 입찰이 있는 법원에 방문하면 대출상담사님들이 있다. 낙찰자들한테 명함을 나눠 주는데 그때 명함을 받아 오자. 명함집에 명함들을 잘 보관하고 지역별로 메모를 해 놓는다. 지역별로 분류해 놓으면 나중에 낙찰받은 물건이 있는 지역에 있는 대출상담사들에게 전화해서 대출을 알아볼 수 있다.

Q. 언제부터 대출과 잔금 납부일을 알아봐야 하나요?

A. 낙찰을 받고 나서 바로 잔금을 납부하는 것이 아니고 2주를 기다려야 한다. 낙찰을 받았지만, 아직 이 물건은 낙찰자 명의의 물건이 아니다. 낙찰받고 일주일 동안은 매각허가결정 기간이고, 그 뒤로 일주일 동안은 매각허가 확정기간이다. 그래서 2주가 아무 일 없이 지나가고 나면 대금 납부 기한이 잡힌다.

대금 납부 기한은 한 달 정도 여유를 주는데 그 기간 안에만 잔금을 납부하면
된다. 대출을 알아보는 기간은 낙찰 후 2주 동안 대출을 알아보고 은행에 가서
자서까지 마무리하면 된다.

잔금은 대금 납부 기한 안에 내 투자금과 대출로 납부를 하게 된다. 내가 직접
납부를 하지 않고 연결되어 있는 법무사님이 있다. 대출상담사, 법무사, 은행 이
렇게 셋이 한 팀이다. 그래서 법무사가 나의 잔금을 잘 납부해 주고 소유권 이전
까지 마무리해 주게 된다.

Q. 경락잔금대출이 안 나오는 경우도 있나요?

A. 물론, 있다. 그래서 입찰 전에 입찰하고자 하는 물건에 대출이 가능한지 미리
확인이 필요하다. 법원 대출상담사에게 받은 명함에 있는 번호로 전화해서 "입
찰 들어갈 물건인데요. 대출이 얼마나 나오는지 미리 좀 확인을 하려고 합니
다." 이렇게 물어보면 대략 알려 준다. 대출이 안 나오는 물건이 있고, 개인에 따
라 대출이 안 나오는 경우도 있다.

Q. 물건 차원에서 대출이 안 나오는 경우는 언제인가요?

A. 2~5천만 원 이하의 소액은 은행에서 대출을 잘 안 해 주려고 한다. 그만큼 물건
의 가치가 낮다고 평가하기 때문이다. 그래서 소액으로 입찰하는 경우, 이 부분
을 잘 확인해야 한다. 오히려 그런 물건들은 신용대출, 마이너스대출, 보험약관
대출 등을 활용해서 잔금 납부를 하는 걸 추천한다.

또, 상가를 낙찰받는데 옆 호수와 벽을 터서 합쳐진 상가에 한 호수만 나온
상가일 경우가 있다. 원칙적으로 상가는 4면이 모두 벽체로 이루어져 있어야 대
출이 나온다. 하지만 벽체가 하나 없다고 해서 대출을 다 안 해 주는 건 아니다.
물건이 좋으면 대출을 해 준다.

지분 물건도 대출이 어려운 경우가 있다. 하나의 부동산이 온전히 내 것이 아니라 일부 지분만 낙찰받은 경우에 대출이 안 나온다. 특히 주택은 대출이 안 나온다고 보아야 한다. 하지만 토지는 토지 전체의 50퍼센트 이상의 지분을 낙찰받으면 대출을 해 주는 경우가 많다. 그래서 대출 여부는 호재, 입지, 물건마다 다르다. 물건의 가치가 좋으면 대출을 해 준다고 보아야 한다.

Q. 개인에 따라서 대출이 안 나오는 경우는 언제인가요?

A. 신용등급이 6등급 이하인 경우면 대출이 안 나온다. 또, 소득이 없는 경우도 대출이 어렵다. 또 DSR(총부채원리금상환비율) 한도가 모두 차면 대출이 안 나온다. 하지만 소득이 없다고 해서 대출을 다 안 해 주는 건 아니다. 대체소득이라고 소득을 인정해 주는 부분이 있다. 즉, 국민연금, 건강보험(지역 세대주), 신용카드 1년 사용금액에 근거해 소득인정을 해 준다.

소득인정액	소득인정액	소득인정액	소득인정액
10,000,000	78,947	31,096	4,766,667
15,000,000	118,421	46,645	7,150,000
20,000,000	157,895	62,193	9,533,333
25,000,000	197,368	77,741	11,916,667
30,000,000	236,842	93,289	14,300,000
35,000,000	276,316	108,838	16,683,333
40,000,000	315,789	124,386	19,066,667
45,000,000	355,263	139,934	21,450,000
50,000,000	394,737	155,482	23,833,333

따라서 내가 지금 소득이 없다면 이 기준에 맞춰서 소득을 만들어 놓아야 한다.

'나 대출 어떻게 받지?' '얼마나 나올까?' 이 부분에서 막혀 경매의 벽을 넘지 못하는 이들이 있다면 이번 장을 읽고 준비하면 좋겠다. 나도 대출받은 1,200만 원으로 경매를 시작했다. 아마 대출 레버리지가 없었다면 여기까지 오지 못했을 것이다. 처음 대출을 받을 때는 무섭게만 느껴졌지만, 지금은 무엇보다 고마운 게 대출이다. 대출을 잘 이용해 투자 경력을 한 단계 성장시키기를 바란다.

돈 버는 경매 사이트 이용법

　이번 장에서는 경매를 위해 꼭 알아 두면 좋은 경매 사이트에 대해 알아보자. 결론부터 얘기하자면 물건을 찾아보는 건 무료 사이트로도 충분하지만, 경매 공부를 제대로 하기 위해서는 유료 사이트가 훨씬 더 유용하다. 무료 사이트의 경우, 검색은 무료여도 더 자세한 정보를 알아보거나 그다음 단계를 진행하려면 돈이 들어간다. 즉, 무료 사이트를 이용하더라도 요금 지불이 반드시 필요한 단계가 있다는 것이다. 가장 좋은 것은 두 개 이상의 사이트를 이용하며 비교해 보는 것이다. 사이트마다 제공되는 정보의 양이나 질이 다르므로, 본인에게 맞는 요소들을 꼼꼼히 확인해 보고 선택하는 것이 가장 좋은 방법이다. 그럼 지금부터 추천할 만한 유료 사이트와 무료 사이트들을 알아보자.

탱크옥션 / https://www.tankauction.com/

　탱크옥션은 유료 사이트이지만, 매우 저렴한 편에 속한다(1년에 50만 원). 개인적으로는 가격과 기능 면에서 가장 합리적이라고 생각한다. 다음은 탱크옥션 사용법을 간략하게 정리해 본 것이다.

A. 탱크옥션 사이트 메인화면에 접속하여 경매 검색 -> 종합검
색으로 이동한다.

B. 종합검색을 누르면 다음과 같은 화면이 나타난다.
- 주소선택 : 특별히 원하는 지역이 있는 경우, 주소를 선택
하여 검색한다. 특정 동네까지 원할 경우, 동/읍까지 설정
하면 된다.
- 물건종류 : 아파트를 선택하고 싶다면 버튼을 눌러 주거용
에서 아파트를 선택한다.
- 최저가격 : 최저가(내가 가진 투자금) 설정하기다. 최저가격은
내가 입찰하고 싶은 금액대를 설정하는 것이다. 현재 서울
중심지를 제외한 대부분이 비규제 지역이므로 (감정가 60퍼
센트, 낙찰가 80퍼센트 중 낮은 것) 대략 투자금의 3배 정도를
낙찰받을 수 있다고 보면 된다. 다만, 사전에 대출이 얼마
나 가능한지 대출상담사를 통해 면밀히 확인해 봐야 한다.
- 살펴보기 : 설정을 마치고 검색하기를 누르면 해당하는 물
건들이 입찰이 빠른 순서로 정렬된다. 이 목록에서 마음에
드는 물건을 클릭해 살펴보면 된다.

C. 검색 결과로 나온 물건 중 원하는 물건을 클릭하면 상세 페
이지가 뜬다. 만약 해당 물건이 마음에 든다면, 상단 부분의

'관심' 버튼을 누른다. 관심 버튼을 클릭하면 관심물건이라는 페이지가 뜬다. 그 페이지에서 관심도와 분류, 그리고 메모를 기록할 수 있다. 여기서 '저장하기'를 눌러 주면 관심물건으로 저장된다. 저장된 관심물건은 분류되어 장바구니처럼 따로 볼 수 있다. 참고로 물건을 상세하게 클릭하여 들어가기 전, 주의 사항으로 (빨간색 글씨로) 물건과 관련된 권리를 표시해 주는데, 경매를 처음 하는 사람이라면 대항력 있는 물건이나 특수권리 등은 전문가와 상담해 진행하거나 하지 않는 것을 추천한다(유치권, 대지권미등기, 법정지상권 등등). 직접해 보면 알겠지만, 대항력이 없거나 문제 없는 물건이 80퍼센트 이상이다. 다음 내용과 같이 '재매각' '관련사건' '공동담보' '중복사건'이라고 적힌 것은 권리에 아무 문제가 없는 것이니 걱정하지 않아도 된다.

 물건 상세 페이지에서 많이 보는 항목들

1. 매각일자 : 물건의 법원 입찰일.
2. 대지권 : 땅의 면적.
3. 건물 면적 : 건물 크기 전용면적, 시세 조사 시 필요하다.
4. 감정가 : 감정평가사가 평가한 건물의 가격(정확한 시세가 아닐 수 있다).
5. 최저가 : 현재 입찰할 수 있는 최저가격. 유찰되면 가격이 떨어진다(입찰할 때는 최저가 이상을 써야 한다).
6. 사진보기 : 현재 건물의 상태 확인, 평면도, 위치 등.
7. 지도보기

8. 매각물건명세서 : 현황과 권리관계를 공시하여 물건에 관한 필요 정보를 얻을 수 있다(법원에서 제공하는 서류).
9. 건물(집합)등기 : 등기부등본.

두인경매 / https://www.dooinauction.com/

두인경매는 처음 경매를 접하는 사람에게 추천하는 무료 사이트이다. 접속하여 회원가입을 하고, 여러 검색조건(지역, 물건 종류, 신건 등)을 이용해 경매 사건들을 검색해 보면 된다. 두인경매는 제일 중요한 정보인 임차인 현황과 등기 현황을 무료로 보여 준다. 기타 부수적인 정보들은 유료로 결제해야 볼 수 있지만, 무료로 보기에는 가장 괜찮다.

대법원 사이트 / www.courtauction.go.kr

대법원 사이트는 기본 정보를 무료로 제공한다. 하지만 물건에 대한 정보가 정확하지 않은 경우가 있으므로 초보자들에게는 조금 위험할 수 있다. 다음은 대법원 사이트 사용법을 간략하게 정리한 것이다.

A. '물건상세검색'으로 물건 검색을 한다.

B. 원하는 집의 조건을 입력한다.
  - 법원/소재지 항목의 '소재지'를 체크한다. (예 팔달구 선택)
  - 용도를 체크한다. (예 건물 / 주거용 건물 / 아파트 선택)

- 최저매각가격 설정 및 검색한다. (<예> 최저매각가격을 최대 2억 원으로 설정하면 2억 원 미만 물건만 검색된다.)
- 검색 결과를 검토한다. (<예> 검색된 집을 간략하게 살펴본다. 2억 원 이하 물건이 2개 나온다면, 그중 하나는 지분이므로 제외한다. 지분은 집 한 채에 소유주가 두 명 이상이므로, 복잡한 권리관계를 풀어야 한다. 다른 한 집의 경매 번호와 어떤 매물인지 살펴본다. 그렇게 해당 물건이 원하는 이득 이상의 가치가 있다고 판단된다면, 도전한다. 그러나 비싸다고 판단되면, 한 번 더 유찰될 때까지 기다린다.)
- 상세하게 살펴본다. (<예> 클릭하여 상세 내용을 살펴본다. 소재지 우측의 그림 아이콘을 클릭하면 등기부 열람, 전자지도, 온 나라의 토지이용계획을 확인할 수 있다. 등기부등본 열람은 유료이며 500원이다. 매각물건명세서는 이 집에 누가 살고 있는지, 특별한 문제가 없는지 알려 주는 매우 중요한 서류다. 이후 현황조사서와 감정평가서도 확인해 보고 마음에 든다면 관심물건에 등록한다)

유료 정보를 간편히 열람하는 굿옥션 / www.goodauction.co.kr

굿옥션은 유료 정보를 간편하게 열람할 수 있다는 장점이 있다. 기본적으로 유료 사이트는 등기부 요약이 있어 편리하다는 장점이 있는데, 굿옥션의 경우 그런 유료 사이트 중에서도 특히나 자료를 매우 보기 쉽게 정리해 두었다는 장점이 있다. 추가로, 등기부등본과 지도 역시 팝업창으로 편리하게 볼 수 있다.

세연쌤의 프리미엄 강의에서만
알려 주는
'소액 경매 투자 필살기'

훌륭한 멘토를 발견하기를 원한다면
먼저 '멘토로부터 무언가를 얻을 수 있다'는 사실을
인정하라.

| 리처드 브랜슨(Richard Branson)_
| 다국적기업 버진그룹 회장

경매로 돈을 벌기 위해
반드시 해야 하는 5가지

 사실, 나는 내가 하는 교육에 큰 자부심이 있다. 초보자들에게는 다소 비용이 부담될 수도 있고, 너무 세세한 것까지 짚어 주면서 실전 경험을 하게 하니 빡빡하다고 느껴질 수도 있다. 하지만 그 모든 과정을 거친 후 나오는 결과는 늘 만족스럽다. 우리 교육생들의 피드백이 항상 별 다섯 개인 이유. '포기'에 가까운 마음으로 왔다가 '패기'를 갖고 돌아가는 사람이 대부분인 이유. 여기저기 다 다녀보고 온 후 '나의 마지막 경매 수업'이라고 말하는 이유. 그건 바로 어려운 이론에서 벗어나 실전을 경험하고, 반드시 그다음 단계로 들어가는 실질적인 경험을 하기 때문이다.

 이 책을 쓴 이유는 수업에 오지 못하는 사람들에게도 경매에 대한 선입견을 깨고 용기를 주기 위해서다. 그리고 맨바닥에서 시작해 실전 경험을 쌓은 나의 생생한 노하우를 들려주고 싶기 때문이기도 하다. 이 책에 그 모든 노하우를 담을 수는 없겠지만, 이번 단계에는 세연쌤만이 알려 줄 수 있는 경매 필살기를 정리하려고 한다. 주로 나를 찾아오는 '사랑하는 소액님'들 뿐 아니라 경매에 관심은 있지만 어디 물어보기도 애매하고, 콕 집어서 정리가 되지 않았던 부분들이 많았던 이들이 그 궁금 증들을 시원하게 해결하는 시간이 되길 바란다. 그리고 여기에 정리하는 노하우들만 잘 새겨들어도 경매 공부의 반은 된 셈이 니 꼭 숙지하고 따라오길.

부동산경매는 '돈을 벌고 싶어'서 하는 재테크다. 이러한 본 질을 잊지 말아야 한다. 내가 16년 동안 쉬지 않고 부지런히 경 매를 한 결과, 다음의 5가지는 꾸준하게 지켜야만 많은 돈을 벌 고 경제적 자유를 누릴 수 있다는 사실을 깨달았다. 차근차근 살펴보자.

첫째, 물건을 고르는 기준은 [내 투자금 + 물건의 가치]다.

보통 소액으로 경매를 시작하는 경우, 물건의 가치보다는 무 조건 금액에 맞춰서 물건을 보기 마련이다. 물론, 금액을 따라 가야 한다. 내 투자금 안에서 입찰이 가능해야만 수익을 낼 수 있다. 가진 돈은 조금인데 자꾸 큰 물건을 본다면 절대 결과가 나지 않는다. 하지만 물건을 볼 때 무조건 '금액'만을 기준으로 삼아서는 안 된다. 여기에 플러스 '가치'가 있어야 한다. 그렇다 면 물건의 가치를 어떻게 판단할 수 있을까? 바로 '어떤 상황에 서도 매도가 가능한 물건인가'를 보는 것이다.

예를 들어, 지방에 5천만 원도 안 하는 소액 아파트, 1억 미만의 아파트를 낙찰받아 일주일도 안 되어 매도하는 경우가 있다. 잔금을 치르기도 전에 매수자가 생겨 잔금 날짜를 기다렸다가 곧장 계약서를 작성하는 일도 자주 볼 수 있다. 주변에 호재가 있거나 개발 사항이 있지 않다 하더라도, 물건 자체가 실거주자들의 매수세가 있고 지속적인 거래가 이루어지고 있다면 충분히 '가치'가 있다고 판단할 수 있다. 즉, 매도가 가능하다는 뜻이다. 아무리 비싸고 좋아 보이는 물건이라도 거래가 별로 없고 아무도 거들떠보지 않는 물건이라면 그 가치는 떨어진다. 물건을 고를 때는 어떤 상황에서도 실거주자들의 거래가 이뤄지는 물건인지를 잘 살펴봐야 한다. 금액만 보고 입찰을 하는 게 아니라, 내 투자금으로 입찰할 수 있는 물건이되 어느 시장에서도 빠른 매도가 가능한 물건을 선택해야 한다는 것이다.

둘째, 어떤 상황에서도 내가 직접 판단하고 내가 직접 결정하라.
재테크는 돈에 관련된 문제이다 보니 누구나 신중할 수밖에 없고, 또 불안한 마음이 생길 수밖에 없다. 그렇다 보니 주변의 말에 잘 휘둘리는 것도 당연하다. 이렇게 하면 이렇게 된다더라, 그거 잘못하면 이럴 수 있다더라, 이건 이렇다더라, 저건 저렇다더라…. 내가 직접 확인해 보지도 않았는데, 일단 그런 말을 들으면 마음이 흔들린다. 여태 잘 잡아 온 멘탈이 와르르 무너지기도 한다. 내가 이 일을 하며 정말 가난한 사람도 보았고, 정말 부자들도 만나 보았지만, 돈을 잘 못 버는 사람들의 특징이 '직접 확인하지 않는다'는 것이다. 진짜 부자들은 자신이 직접 확인하기 전에는 절대 다른 사람들의 말에 휘둘리지 않는다. 성공도 실패도 오롯이 자기 몫으로 가져오고 책임지려는 마인드가 되어 있기 때문이다.

한 예로, 지방에 사는 M씨는 3개의 물건을 가진 상태였는데, 한 물건만 공시가격 1억 원 이상이고 나머지는 공시가격 1억 원 이하였다. 이런 경우, 공시가격 1억 원 이상인 물건 한 개만 취득세 부분에서 주택 수에 포함되고 나머지는 포함되지 않기 때문에 다음 물건이 1억 원이 넘는다 하더라도 취득세가 1.1퍼센트만 적용된다. 그런데 M씨는 이 사실을 아는지 모르는지, 열심히 수업은 들으면서 좀처럼 상담도 받지 않고 실전에 뛰어들지를 않는 것이다. 어렵게 상담을 신청한 M씨가 이런저런 사정을 이야기하기에 "아니, 왜 이제야 상담을 받으러 오셨어요. 공부도 열심히 하시고, 좀 더 일찍 상담을 받았으면 좋았을 텐데요."라고 하니, 이렇게 대답하는 것이다. "제 주변에 부동산에 대해 잘 아는 사람이 있는데, 제가 3주택자라서 세금이 많이 나올 거라고 하더라구요. 아예 안 될 것처럼 이야기해서 마음속으로 포기하고 있었죠." 즉, 이 교육생은 가진 돈은 소액이고 주택은 3개나 되어서 당연히 다음 물건을 낙찰받을 수 없다고 생각하고 있었던 것이다. 상담을 통해 의문이 풀렸고, 이후 열심히 공부하고 물건을 조사해서 다음 물건을 무사히 낙찰받았다.

가장 무서운 게 '반만 아는 사람'이라는 말이 있다. 아예 모르면 모르기 때문에 알려고 노력하고, 제대로 아는 사람은 말 그대로 알아서 잘한다. 그러나 반만 안다는 건 반은 모른다는 뜻도 되기에 그런 사람들의 말을 듣는 게 가장 위험하다. 엄밀히 따지면, 내가 얻을 결과가 그들과는 아무런 상관이 없는데 무슨 말인들 못 하겠는가. 겉으로는 걱정해 주는 것처럼 이야기하지만, 진짜 걱정하고 신중해야 할 사람은 소액이라도 돈을 들고 움직이는 나 자신이지 그 사람들이 아니다. 그러니 절대 다른 사람들의 말에 흔들리지 마라. 그리고 내가 확인하지 않은 것은 믿지 마라. 그렇게 흔들리고 고민할 시간에 내가 투자 여부를 결정할 수 있는 실력을 갖추려고 노력하자. 열심히 공부하고 부지런히 움직이자. 내공을 쌓으면 주변의 열 마디에도 흔들리지 않고 단단하게 자신의 길을 갈 수 있다.

셋째, 하락장? 보합장? 상승장? 모든 시장을 다 활용하라.

모든 투자는 시장에서 이루어진다. 그리고 그 시장은 가만히 멈춰 있는 게 아니라 수시로 변화한다. 부동산에도 하락장, 보합장, 상승장 등 다양한 흐름이 존재한다. 그렇다면 과연 어떤 시장에 들어가야 투자에 성공할 수 있을까?

나는 이 3가지 장을 모두 활용할 수 있어야 한다고 강조한다. 하락장일 때는 장기보유할 물건에 투자할 수 있다. 경매는 최저점을 찍은 시세보다도 저렴하게 입찰할 수 있다. 하지만 이런 시장일 때 초보자들은 오히려 겁을 내며 떠나간다. '지금 물건을 받는 게 맞나?' 하는 두려움 때문이다. 하지만 하락장일 때를 잘 활용해야 한다. 이때는 경쟁률도 낮고, 낙찰가도 낮다. 이때가 아니면 언제가 기회이겠는가?

보합장일 때는 단기 매도를 해야 한다. 시장이 굉장히 안정적이기 때문에 낙찰받은 시세에서 더 이상 오르지 않을 수 있다. 그 대신에 안정적이기 때문에 거래가 잘 이루어지는 편이고 시세 변동도 없어 매도가를 정확히 정하고 입찰할 수 있다. 보통 초보들은 이럴 때 잘 진입하지 않는데, 이런 시장을 오히려 적극 활용한다면 자금을 효율적으로 불릴 수 있다. 소위 '낙팔낙팔'이라고 하는, 낙찰받고 바로 파는 방식으로 자금을 불려 나가기에는 이런 시장이 좋다.

상승장일 때는 내가 보유하고 있는 매물을 매도하는 시기다. 이때는 기대 이상의 수익을 낼 수 있다. 그렇다고 상승장일 때 팔기만 하는 건 아니다. 하루가 다르게 시세가 오르기 때문에 역시 낙팔낙팔이 가능하다. 이런 시장에서는 낙찰가를 힘 있게 써도 재미를 볼 수 있다.

이처럼 투자의 고수는 3가지 시장을 다 활용한다. 하락장이라서 떨어질까 봐 못 하고, 보합장이라 언제 오를지 몰라서 못 하고, 상승장이니 너무 올라서 못 하고…. 그러면 언제 돈을 벌 수 있을까? 부자들은 어떤 상황에서도 '할 수 없는 이유'를 생각하지 않는다. 대신에 이 상황을 '어떻게 유리하게 활용할까'를 생각한다.

넷째, 단기로 매도할 물건과 장기로 보유할 물건을 분산투자하라.
처음 투자를 시작해 보면 다양한 관점에서 투자 계획을 짜기가 힘들다. 일단 첫 경험을 해 보는 게 중요하기 때문이다. 그래서 단기 매도용 물건을 받는 사람은 계속 그것에, 장기보유를 해 본 사람은 계속 그것에만 집중하게 된다. 하지만 나는 '낙팔 낙팔'을 하되 장기보유할 물건도 하나씩 묻어 두라고 조언한다. '10년짜리 예금 하나 들었다' 생각하고 묻어 두라는 말이다. 그것이 나중에 어느 정도의 가치가 될지는 정확히 예측할 수 없지만, 생각보다 좋은 결과를 가져다주는 경우가 많다. '자꾸 투자금이 묶인다'는 생각 대신에 예금을 들어 놓는다고 생각하면 훨씬 마음이 편해질 것이다.

다섯째, 수익형 부동산과 시세차익형 부동산을 같이 가져가라.
수익형 부동산이란 다가구, 2종 근린생활시설로 된 고시원 등이다. 여기엔 주택 수에 포함이 되는 것도 있고 아닌 것도 있다. 이런 수익형 부동산은 임대수익금, 즉 현금흐름이 나오는 부동산이다. 이를 통해 매월 아무것도 하지 않아도 소득을 볼 수 있다. 물론 이러한 수익형 부동산은 관리가 필요하다. 돈을 벌기 위해 그 정도의 노력은 필요하지 않을까.
수익형 부동산이 필요한 이유는 조금 더 안정적인 투자를 하기 위해서다. 월세라는 현금흐름을 만들어 놓고 나면 그다음 투자는 한결 편해진다. 뭔가 믿는 구석이 있다고 해야 할까? 일단 매월 수익이 발생하니 그전보다는 훨씬 마음의 안정감이 생겨서, '무조건 빨리 뭐든 해야겠다'라는 생각보다는 '하나라도 제대로 된 물건을 해야겠다'라는 생각을 하게 된다.

수익형 부동산의 장점은 꾸준히 수익이 발생한다는 점이지만, 임대료가 높아지는 데에는 시간이 걸린다. 그래서 시세차익형 부동산이 필요하다. 시세차익형 부동산은 한 번에 큰돈을 벌 수 있기 때문에 자산을 크게 불릴 기회로 삼을 수 있다. 보통 '아파트'가 적합하다. 아파트는 월세를 받는 투자보다는 하락장이나 보합장일 때 낙찰을 받아서 상승장일 때 매도하면 가장 수익을 크게 보는 물건 중 하나다. 지방보다는 서울 아파트, 그중에서도 입지가 좋은 아파트라면 금상첨화다. 재개발구역 내에 있는 아파트도 괜찮다. 시간이 걸리더라도 중간에 빠져나올 수 있으므로 유리하다. 토지도 시세차익형 부동산 중 하나다. 땅값은 어지간해서는 떨어지지 않는다. 토지는 시세 상승이 꾸준한 물건이기 때문에 나중에 차익을 보기에 좋다.

위의 5가지는 나의 부동산경매 철학과도 같다. 이 5가지에 유념해 '꾸준히' 도전하는 것. 그것이 경매 투자에서 성공하는 비결 중의 비결이다. 똑똑한 사람을 이기는 것이 꾸준히 노력하는 사람이라는 사실을 절대 잊지 말자.

경매에 실패하는 사람들의
5가지 공통점

    나는 '실패'에 대한 얘기, '안 되는 것'에 대한 얘기를 별로 좋아하지 않는다. 하지만 이번 장에서는 실패에 대한 이야기를 잠시 해 보고 넘어갈까 한다. 항상 마지막에 쭉쭉 앞으로 나아가는 사람과 결국 포기하는 사람들에게는 저마다의 공통점이 있다. 그 공통점을 아는 것은 실패를 줄이는 데 큰 도움이 된다. 다음 내용은 이번 책을 통해 꼭 새겨 두고 늘 기본기처럼 실전에 적용하기를 바란다.

    앞에서도 이야기했지만, 경매를 하다 보면 생각지도 못한 실수나 실패를 경험하기 마련이다. 하지만 그것이 두려워서 도전을 못 한다면 성공의 맛은 절대 볼 수 없다. 그런데 똑같은 실패를 경험하더라도 이를 디딤돌 삼아 더 크게 도약하는 사람이 있는가 하면, 같은 실수를 여러 번 반복해서 계속 실패를 경험하는 사람도 있다. 전자의 경우가 되려면 나 자신에 대해 잘 아는 것이 무엇보다 중요하다. "저는 절대 안 그래요!"라고 하지만 결국 돌아보면 계속 같은 실수를 반복하는 자신을 발견할 때가 있다. 다음 내용을 통해 경매에서 절대 주의해야 할 점들, 즉 '실패자들의 공통점'에 대해 짚어 보자.

첫째, 투자 기준이 없다.

앞에서 '투자 기준'에 대해 살펴본 적이 있다. 내가 그것을 1번으로 둔 이유는 분명하다. 경매에서 이것만큼 중요한 건 없기 때문이다. 어떤 일을 하든 분명한 자기만의 기준이 있어야 한다. 그러지 않으면 여러 사람 말에 휘둘릴 수밖에 없다. 나는 귀가 얇고 주변의 말 때문에 고민이 많은 사람에게는 "절대 투자하지 말라"고 이야기한다. 그런 사람들은 나중에 일이 잘못되면 모든 걸 다른 사람 탓으로 돌린다. 절대로 본인이 판단할 줄 알아야 하고, 자신만의 투자 기준을 가지고 있어야 함을 명심하자.

둘째, '대충'이 습관이다.

누차 강조하지만 경매에서 가장 중요한 요소 중 하나는 '시세 조사'다. 적어도 내가 받을 물건에 대해서는 여러 면으로 꼼꼼하게 살펴본 다음 입찰에 들어가야 하는데, 그러지 않는 사람이 의외로 많다. 정확하지 않은 정보들을 바탕으로 어림짐작해서 대충 낙찰가를 쓴다. 이런 경우, 낙찰이 되어도 문제, 안 되어도 문제다. 운 좋게 낙찰이 된다 해도 뒷감당이 안 된다. 좋은 금액에 낙찰을 받지 못할 가능성이 클뿐더러, 매도가 되지 않거나 다른 문제가 있을 수도 있다. 뭐든 '대충' 하는 사람들은 습관처럼 매사에 그렇다. 그런 사람들은 '경매'에 적합하지 않다. 혹 그런 습관이 있다면 반드시 고쳐야 한다. 처음엔 운 좋게 넘어갈지 몰라도 나중에 실패하거나 큰 문제로 이어지기 때문이다.

셋째, 무조건 '높게' 쓰는 게 답이라고 생각한다.

경매의 기준은 '시세보다 싸게'다. 여러 번 패찰을 경험하다 보면 '이번에는 꼭 받고 싶다'는 강한 의지가 생기기 마련이다. 일종의 오기처럼 말이다. 그래서 시세보다 높게 오를 지역도 아닌데 높게 써서 낙찰을 받는 이들이 있다. 사실, 이런 경우는 낙찰을 받았다는 사실에 기분이 좋을 수는 있어도 수익을 내기는 힘들다. 경매는 물건을 낙찰받았다고 다 성공하는 게 아니다. 단 1백만 원이라도 수익을 내는 게 목표이므로 잘 따져서 낙찰가를 써야 한다.

넷째, 내 돈을 한 푼도 들이지 않고 투자를 하려고 한다.

물론, 경매에서 소액투자는 마이너스로도 가능하고, 단돈 500만 원으로도 시작할 수는 있다. 그러나 어느 순간부터는 내가 직접 내 돈으로 투자해서 수익을 보는 경험을 해야 한다. 내가 모은 투자금으로 수익을 내 보아야 더 간절하고 귀한 마음을 갖게 된다. 게다가 어떤 사람은 입찰 보증금을 내는 것마저 아까워하기도 한다. 나의 노력, 시간, 돈을 투자하지 않고 거저 얻으려고 하는 마인드로는 결코 부자로 갈 수 없다. 성공한 사람들은 교육비, 보증금, 잔금을 직접 치르고 투자하면서 한 단계 한 단계 밟아 나간다. 돈을 벌기 위해 돈을 투자하는 것은 당연하다. 좀 더 효율적으로 돈을 쓸 방법을 궁리하는 건 중요하지만, 한 푼도 들이지 않고 돈을 벌어 보겠다는 생각은 금물이다.

다섯째, 본인의 투자금보다 무리해서 투자를 한다.

가족이나 지인이 잠시 융통할 수 있게 도와준다면 모르겠지만, 그렇지도 않은데 무리하게 투자를 하는 사람이 생각보다 많다. 수중에 3천만 원밖에 없는데, 투자금 5천만 원 이상이 들어가야 하는 물건만 살펴보는 것이다. 그리고 덜컥 그런 물건을 낙찰받는 사람도 있다. 대출도 근저당을 잡는 것이기 때문에 그 금액 안에서 나오는 것이다. 그런 계산을 하지도 않고 무리하게 '일단 저질러 보자'라는 생각으로 들어간다면, 결국 뒤로 손해 볼 일만 남는다. 무리한 투자 대신에 안전한 투자를 선택하자. 투자와 투기는 분명 다르다. 내가 가진 돈 안에서 계획을 세워 꼼꼼하게 해 나가는 것이 경매다. 결국 모든 책임을 지는 것도 나 자신이기 때문에 처음부터 신중하게 계획을 잡고, 욕심을 내려놓아야 한다.

이 5가지는 늘 '실패'의 고배를 맛보는 사람들의 공통점이다. 그들의 발자취를 따라가고 싶지 않다면 이 내용들을 잘 살펴서 늘 주의하도록 하자. '이거 내 얘긴데?' 하고 찔리는 사람이 있다면, 지금이라도 객관적으로 나를 바라보게 된 것을 감사하길 바란다. 실패를 피해 가는 것도 실력이다. 실패는 두려워할 대상이 아니라 최대한 피하되, 마주쳐야 한다면 극복해야 할 대상이다. 사랑하는 소액님과 모든 경매 투자자들이 이 5가지를 잘 뛰어넘어 경매의 승리자가 되길 응원한다.

시세차익이냐, 임대수익이냐

모든 경매 초보들이 많이 하는 고민이다.

'임대수익을 내는 게 좋을까? 시세차익을 보는 게 좋을까?'

여기에 대한 답은 간단하다. '내 재테크의 목적에 맞게' 하는 것이다.

경매 물건을 낙찰받아 이것을 다시 매도함으로써 자본금을 늘리겠다고 생각하는 경우라면 시세차익을 선택해야 한다. 그게 아니라 수입이 없거나 노후 자금이 필요하거나 매월 들어오는 월급만으로는 가계 유지가 힘들어서 매월 수익이 꼭 필요한 경우에는 임대수익을 낼 물건에 투자해야 한다. 중요한 건 둘 다 '돈을 버는' 투자라는 사실이다. 나는 어느 정도 자본금이 만들어졌을 때 두 가지를 동시에 가져가는 식으로 전략을 바꾸었는데, 여력이 된다면 그렇게 하는 것을 추천한다. 그러나 처음 투자를 시작할 때는 자신의 상황에 맞춰 목적에 따라 선택하면 된다.

'소액투자자들에게 잘 맞는 투자는 어떤 건가요?'

이렇게 질문하는 경우도 많다. 시세차익을 볼 물건의 경우, 투자금이 어느 정도는 필요하다. 아주 소액으로 들어갈 수 있는 물건이 있지만, 서울이나 수도권 쪽에서 소액을 가지고 낙팔낙팔을 하기는 쉽지 않을 수 있다. 하지만 방법이 없는 건 아니다. 바로 '경락잔금대출'이라는 좋은 제도를 활용하는 것이다. 그리고 물건도 꼭 수도권이나 서울만 노릴 필요는 없다. 지방에는 1억 원 대의 소형아파트들이 많다. 만약 자본금이 3천만 원이라면 경락대출을 받은 후 나머지 내 자본금으로 수리를 해서 빨리 매도하여 차익을 내고, 그걸로 다시 투자를 하는 식으로 갈 수 있다. 이렇게 다음 투자에 필요한 자본금을 불려 나가는 것이다. 단, 지방의 아파트를 볼 때는 '거래가 잘 이루어지는가'를 반드시 확인해야 한다. 시세 조사, 수요층 조사, 지역분석 등을 정확하게 한 후에 투자를 한다면 리스크를 줄일 수 있다.

임대수익형 물건도 소액투자자들에게는 굉장히 좋은 투자 방식이다. 나의 경우, 1,200만 원을 대출했고 여기에 남편의 마이너스통장 800만 원을 보태어 2천만 원이라는 소액으로 투자를 시작했다. 처음 소액으로 투자할 때는 월세 세팅을 많이 했다. 일단 내 생활이 안정되어야 무엇을 하든 편안하게 할 수 있다고 판단했기 때문이다. 즉, 소액으로 투자를 지속하고 기존의 일을 그만두고 투자자로 활동하려면 안정적인 월세 수익이 반

드시 필요했다. 꼭 서울이 아니더라도 수도권 쪽에 월세 수익이
나오는 곳이 많았기 때문에 시간적으로 활용하기가 편했다. 결
과적으로는 매우 좋은 선택이었다.

　보통 소액으로 임대수익형 투자를 고려하다 보면 투자금이
묶이지 않을까 하는 걱정이 든다. 하지만 소액투자금을 잠깐
묶었다가 임차에 맞춰 보증금 회수를 하면, 투자금이 거의 회
수되거나 묶인다 하더라도 일부만 묶이기 때문에 재투자가 가
능하다. 당장 자본금을 더 늘리기보다는 일단 생활을 안정시
킨 후에 적극적으로 투자를 해 보겠다고 생각한다면 임대수익
을 노려 보는 것도 좋다. 현재 다주택자에 대한 취등록세 중과
로 주택 수를 늘리는 것이 어렵다면, 공시가격 1억 원 이하 월
세 수익률이 좋은 소액 아파트로 현금흐름을 만드는 것도 하나
의 방법이다. 주택의 경우, 공시가격 1억 이하는 취득세가 중과
되지 않고 1.1퍼센트만 부과된다.

　경매는 제대로 알기 전에는 불안감을 안고 시작하는 재테크
다. 그래서 오히려 '너무 소액인데 가능할까요?'라는 걱정을 하
지 않아도 된다. 소액으로 더 자신 있게 도전해 보는 것도 좋다.
소액에 적당한, 그리고 내 상황에 잘 맞는 방법을 선택해서 차
근차근 해 나간다면 돈을 버는 것은 물론, 돈을 벌 수 있는 나
만의 노하우가 반드시 생긴다. 내 강의를 듣고 찾아온 많은 소

액님들이 이제는 나를 뛰어넘어 혼자서 잘하는 모습을 볼 때 정말 행복감을 느낀다. 누구에게나 시작은 있다. '할까, 하지 말까' 하는 고민을 한번 해 본 다음에 해도 늦지 않다.

개인 vs 개인매매사업자 vs
법인사업자의 장단점 제대로 알기

부동산을 취득할 때의 자격은 개인, 개인매매사업자, 법인사업자 이렇게 3가지로 나뉜다. 경매 투자를 할 때 개인 자격으로 할지, 개인매매사업자로 할지, 법인사업자로 할지를 선택하는 것은 매우 중요하다. 왜 그럴까? 수익 면에서 차이가 나기 때문이다. 따라서 그 차이를 제대로 알고 나에게 가장 유리한 자격을 선택하는 것이 중요하다. 모르는 만큼 손해를 보기 때문에, 내 상황에 어떤 자격이 가장 잘 맞을지부터 살펴보자.

개인으로 할 때

보통은 개인으로 취득하는 경우가 많다. 개인은 말 그대로 '내 명의'로 부동산을 취득하는 것으로, 낙찰받은 물건은 나의 자산으로 잡히게 된다. 그러면 내가 가진 모든 재산이 취합되어 1년 이내에 매도하게 되면 세금을 많이 내야 한다. 우리가 잘 아는 '양도소득세'를 70퍼센트나 내야 하는 일이 발생한다. 1년 미만은 70퍼센트, 1~2년 사이는 60퍼센트, 2년 이후부터는 시세차익에 따른 기본세율이 최대 45퍼센트까지 적용된다.

따라서 개인 자격으로 낙찰받을 경우, 1년 내 단기 매도를 하면 수익이 남지 않을 수 있다. 지방소득세까지 더하면 77퍼센트가 된다. 최대한 세금을 적게 내는 방향으로 기본세율을 적용받고, 누진공제까지 받으려면 2년은 보유해야 한다.

개인매매사업자로 할 때

개인매매사업자는 사업자이긴 하지만 개인 명의로 입찰하고 취득하는 건 똑같다. 그래서 취등록세 부분도 내가 보유한 부동산에 취합되어 중과가 될 수 있다. 그렇다면 개인으로 하는 것과 뭐가 다를까? 단기 매도 시 양도소득세가 아니라 사업이기 때문에 소득세 적용을 받게 된다. 그래서 1~2년 이내 단기 매도를 하더라도 양도세 기본세율과 동일하게 적용된다.

이런 장점뿐 아니라 비용처리 부분에서도 이점이 많다. 개인은 도배, 장판 등 인테리어에 들어간 돈을 사업 비용(경비)으로 처리할 수 없지만, 개인매매사업자는 인테리어 비용을 모두 사업 비용으로 적용받아 세금 신고 시 경비로 인정받는다.

개인매매사업자를 내는 건 그리 어렵지 않다. 가까운 세무서를 방문해서 신청할 수 있고, 홈택스에서 인터넷으로 사업자를 낼 수도 있다. 요즘에는 유튜브에서도 매우 세세하게 단계별로 안내하고 있으니 어려워 말고 도전해 보자.

법인사업자로 할 때

법인사업자는 말 그대로 회사를 하나 설립하는 것이다. 법인의 최대 장점은 세금 절세다. 주택을 법인으로 낙찰받았다고 해보자. 빠른 시간 안에 매도를 한다면 양도세가 아닌 특별부가세 20퍼센트에 법인세 10퍼센트, 총 30퍼센트가 적용된다. 하지만 30퍼센트 전부를 내지 않는다. 모든 비용을 처리한 순소득에서 세금을 내기 때문이다.

1년 동안 법인 매출이 2억 이하라면 법인세가 10퍼센트로 적용된다. 2억이 넘어가면 20퍼센트로 올라간다. 그래서 법인을 낼 때는 이런 부분까지 고려해야 한다.

또 다른 장점은, 내 명의가 아닌 다른 명의를 이용함으로써 내 개인 자산과 분리가 된다는 점이다. 내가 이미 보유한 부동산이 있는데 여기에 몇 개를 더하면 세금 폭탄을 맞을 수 있다. 하지만 법인으로 하면 내 명의를 사용하지 않기 때문에 용이하다. 자산이 많은 경우에는 법인을 이용하는 게 훨씬 유리할 수 있다.

비용처리도 가능하다. 개인매매사업자나 법인은 비용처리 부분이 넓다. 인테리어 비용, 임장 가서 쓰는 식사비, 교통비, 법인 차량 유지비 등을 모두 사업 비용으로 처리할 수 있다.

그렇다면 법인사업자로 했을 때 단점은 뭘까?

첫째, 사업장 임대료 및 기장료 지출이 있다.

나의 경우 1년 동안 따져 보니 최소 1백만 원 정도가 나왔다. 사업장을 집으로 낸다면 임대료는 나가지 않을 것이다. 세무사가 세무신고 내역을 장부에 대신 기록해 주고 받는 기장료는 보통 매월 8~15만 원이 발생한다. 따라서 소액투자자들은 바로 법인을 내기보다는 개인이나 개인매매사업자를 활용하는 편이 낫다.

둘째, 법인이 부동산을 갖고 있으면 담당 세무사가 '조정료'를 청구한다.

적게는 100만 원, 많게는 600만 원까지 청구된다. 세무사가 책임지고 세무신고를 하는 것이기 때문에 거기에 대한 수수료를 지불한다고 생각하면 된다. 이 역시 소액투자자라면 추천하지 않는다. 작은 물건이 법인 명의로 하나 있는 걸로 해서 1년에 몇 백씩 조정료를 내야 한다면 이점이 없어진다.

셋째, 법인은 개인매매사업자와 달리 개업과 폐업 절차가 간단하지 않다.

특히, 폐업을 할 때도 비용이 발생한다.

넷째, 결손 법인인 경우 대출이 나오지 않는다.

수익이 나지 않는 회사에 어떻게 대출을 해 줄 수 있을까?

게다가 수익이 없는데 지출만 있어서 '결손 법인'이 된다면 나중에 좋은 물건이 있어 대출을 받으려 해도 대출이 절대 나오지 않는다.

다섯째, 주택 보유 시 종합부동산세가 부과된다.

주택을 한 채라도 보유하고 있다면 세금이 2.7퍼센트(2주택 이하 소유), 또는 6퍼센트(3주택 이상 소유)가 부과된다. 종부세가 나오는 기점은 6월이다. 6월이 넘어갔는데도 부동산을 보유하고 있다면 '종부세가 부과된다'고 알고 있으면 된다. 그래서 장기보유를 할 물건이라면 법인보다는 개인으로 하는 것을 추천한다.

여섯째, 법인 자금은 개인이 사용할 수 없다.

법인 통장에 있는 비용을 내가 마음대로 사용하면 횡령이 된다. 법인 자체를 하나의 개체로 봐야 하기 때문이다. 회삿돈을 사용하려면 분명한 명분이 있어야 한다.

일곱째, 법인사업자로 공시가격 1억 이상 주택 취득 시 취득세 12퍼센트가 부과된다.

이렇게 법인의 장단점이 분명하기 때문에, 나에게 무엇이 더 유리한지 잘 판단해서 적용하는 것이 좋다. 정답은 없다. 공무원처럼 직업 특성상 개인매매사업자가 어려운 경우도 있다. 법인을 내는 것 역시 어렵다. 대표로 다른 사람을 내세워야 하는 불편함이 있어서 개인으로 하는 경우가 대부분이다. 개인 자격으로 투자해서 2년 동안 보유하고 매도하면 된다. 무엇을 하든 안 하는 것보다는 낫다.

초보자인데 소액이면 개인이 훨씬 유리하다. 하지만 투자를 오래 하다 보면 알게 되는 사실이 있다. 결국 3가지 모두 필요하다는 것. 나도 처음엔 법인을 설립하는 게 싫었다. 신경 쓸 일이 많아지고 챙길 것도 많았다. 그래서 투자를 시작하고 몇 년 후에야 법인을 냈다. 하지만 오랫동안 경매를 하다 보니 결국엔 3가지가 모두 필요하고, 각 상황에 맞게 선택하는 게 정답이라는 생각이 들었다.

투자를 하는 것도 중요하지만, 세금을 아끼는 것도 중요하다. 내가 가진 자산들을 잘 정리하고 최고의 수익을 내는 방법으로 꾸준히 도전한다면 부자가 되는 길로 한 걸음 다가설 수 있다.

부동산 임장 시
절대 하지 말아야 할 5가지 행동

　백문이 불여일견인 '임장'이 경매에서 얼마나 중요한지는 앞에서도 살펴보았다. 나도 이 부분을 강조하다 보니 교육생들이 현장에 가서 잘하려고 노력한다. 사랑하는 소액님들이 현장에서 열심히 노력하는 모습은 정말 기특하고 좋아 보인다. 하지만 종종 서툰 실수로 눈살을 찌푸리게 하는 경우가 있다. 특히 부동산중개업소에 갔을 때 이것저것 살펴보려고 하다가 서로 불편한 상황이 되기도 한다. 그래서 이번에는 임장 시 절대 하지 말아야 할 행동들을 알아보려고 한다. 총 5가지 정도로 추렸으니 이것만 주의해도 '초보자 딱지'를 금방 뗄 수 있다.

　첫째, 부동산중개업소에는 절대 가방을 메고 가지 말 것
　부동산 공부를 하고 경매 공부를 하는 사람들은 꼭 책가방을 메고 간다. 메모할 것들, 관련 책자, 목이 마를 때 마실 물 등 챙기고 다녀야 할 소품이 많기 때문이다. 하지만 등에 멘 가방을 발견한 순간, 중개업소 사장은 '공부하러 왔구나!' 눈치채게 된다. 그러니 절대 등에 가방을 메고 가지 않도록 하자.

둘째, 보고서 메모하지 않기

중개업소에 갈 때 수첩을 가져가서 중개업소 사장님 앞에서 떡하니 펴놓고 열심히 메모하는 경우가 있다. 중개업소 사장들은 이런 사람들을 굉장히 싫어한다. 돈을 벌어 주러 온 사람이 아니라 공부를 하러 온 사람이라 생각하고 귀찮아한다. 중개업소 사장들은 '중개수수료 수익을 내는 것'이 목적인 분들이다. 따라서 메모하고 공부하는 것이 드러나면 별로 유쾌하지 않을 수 있다. 다 듣고 기억하기가 힘들 것 같으면 차라리 녹음 앱을 사용하자. 물론, 녹음 내용은 반드시 내가 모르는 것을 기억하는 용도로만 사용한다.

셋째, 목적보다 질문부터 먼저 말하지 말 것

보통 초보자들이 중개업소에 가면 궁금했던 질문을 퍼붓게 된다. 조사하려는 마음이 크기 때문이다. 다짜고짜 묻지 말고 방문 목적부터 이야기하자. "내가 투자금이 얼마 있는데 괜찮은 물건을 매입해 전세나 월세를 세팅하고 싶다." 혹은 "투자용으로 집을 보고 있다." "이쪽으로 이사를 계획하고 있다."라고 말하는 것이다. 그리고 "투자금은 얼마 정도 생각한다."라고 상세히 이야기해 준다. 내 목적을 분명히 말하면 소통이 훨씬 매끄러워진다는 걸 명심하자.

넷째, 조사만 할 생각으로 중개업소에 가지 말 것

일단 '조사한다'라는 마음을 버리자! 우리가 경매 물건을 조사하러 간 건 사실이지만, 무조건 '조사'에만 급급하면 안 된다. 그러다 보면 자꾸 중개업소 사장님의 목적과 나의 목적이 어그러지고 대화가 서로 다른 방향으로 가게 된다. 사장님이 '이 사람 그냥 알아보러 왔구나.' 생각하는 순간, 대화의 내용이 질적으로 떨어지게 된다. 그러니 '조사한다'는 마음이 아닌 '내가 이 지역에 정말 좋은 물건이 있으면 매입을 하겠다'는 마음을 가지고 대화를 이끌어 가자. 초보자들이 보통 이때 실수를 많이 한다. 벌써 머릿속과 마음속에 '경매 물건 조사해야 하는데.' '경매 물건 매매가가 얼마일까?' 이런 생각을 하다 보니 대화가 어려울 수밖에 없다. 그런 마음을 버리고 정말 급매로 좋은 물건이 있으면 사겠다는 마음을 갖고, 너무 떨지 말고 주눅 들지도 말고 대화를 하자.

다섯째, 말 많이 하지 않기

중개업소에 가서 너무 말을 많이 하는 경우가 있다. 우리는 이 지역의 정보와 매물을 알고자 간 것임을 잊지 말자. 내가 너무 말을 많이 해 버리면 오히려 중개업소 사장이 좋은 물건을 소개해 주려 하다가도 그 마음이 싹 사라진다. 의욕이 없어진다는 말이다. 그래서 내가 말을 많이 하기보다는 중개업소 사장이 말을 많이 할 수 있도록 상대의 말에 귀를 기울이고 리액션을 해 주어야 한다.

"아~ 맞아요, 아~ 그렇구나, 사장님 진짜 여기 오래되셨나 보네요~."

"제가 부동산 많이 다녀 봤는데 사장님처럼 이렇게 설명을 잘 해 주시는 분은 없었던 것 같아요. 너무 친절하게 해 주셔서 감사해요."

"그런데 이 물건보다 조금 연식이 오래되지 않고 방이 2칸보다 3칸인 건 얼마나 하나요? 오히려 방 2칸보다는 3칸짜리가 더 잘나가지 않나요? 나중에 매도할 때도 그렇고."

이렇게 말을 툭 던지면 된다. 나의 의견을 너무 강하게 말하기보다는 내 생각을 그냥 넌지시 전하면, 중개업소 사장님이 "아~ 그렇죠. 2칸보다는 3칸이 훨씬 좋죠. 투자금만 좀 있으시면 3칸짜리 이 금액 정도 하실 수 있으세요."라고 얘기해 줄 것이다.

"그러면 사장님 이쪽 구역으로 지금 말씀을 해 주셨는데 이 지역에서 사람들이 좋아하는 그런 입지가 있나요? 저는 입지가 너무 중요하거든요. 사실 제가 매도를 여러 번 해 봤는데 입지가 안 좋으면 매도하기가 너무 어렵더라구요."이렇게 말하면, 또 사장님이 "맞아요. 진짜 입지가 좋아야 하는데 사람들이 막 싸다고 사는 경우가 있어요. 근데 입지가 좋은 데는 조금 비싼데 괜찮을까요?"라고 한다. 그러면 "마음에만 들면 영끌이라도 해야죠." 하고 적극성을 보이면 사장이 열심히 알려 줄 것이다.

실제로 조사를 하다 보면 경매 낙찰가보다 훨씬 더 급매로 매입하는 경우도 간혹 있다. 내가 말을 많이 하기보다는 중개업소 사장이 말을 많이 할 수 있도록 리액션도 잘해 주고 귀 기울여 주고 나의 의견도 넌지시 전하며 상대방을 존중해 주면, 훨씬 더 정확하게 시세 조사를 할 수 있고 좋은 매물도 많이 소개받을 수 있다.

물론, 초보자에게 임장은 쉽지 않다. 많은 사람이 겁을 내고 떤다. 그러면 나는 "못해도 좋으니 일단 도전해 보세요. 한번 해 보면 두 번째는 훨씬 쉬워요."라고 용기를 북돋아 준다. 실제로 그렇다. 망설이다 보면 기회를 자꾸 놓치게 되고 결국 포기하게 된다. 한 번만 해 보면 그다음은 훨씬 쉬워진다. "생각보다 부동산 사장님이 너무 친절하게 얘기해 줘서 정말 다행이었어요."라고 말하는 경우가 수두룩하다. 아무리 책을 많이 들여다보고 검색해도 실제로 현장에 가서 한 번 보는 것만 못하다. 막상 가 보면 배울 게 정말 많다는 걸 꼭 기억하며 용기를 내 보자.

돈이 들어오는
풍수 인테리어 꿀팁!

부자들은 청소, 정리정돈, 더 나아가 풍수에 관심이 많다. 부자들의 공통적인 특징이 집이 깔끔하고 깨끗하게 정리되어 있다는 것이다. 청소하고 정리하는 습관을 부자가 되기 전부터 가지고 있는 사람들이 많다. 주변이 청결하고 정리되어 있으면 왜 부자가 될 확률이 커질까? 집 풍수 인테리어는 이런 경향을 잘 나타내는 지표와 같다.

이번 장에서는 '복을 부르는 인테리어' 꿀팁을 알려 주려고 한다. 지금껏 수많은 집을 보며 재물운과 행운이 들어오는 집이 따로 있다는 걸 알게 되었다. 이제부터 그 꿀팁을 방출해 보겠다.

집의 얼굴인 '현관'은 항상 단정하고 깨끗하게

현관이 지저분하면 음陰의 기운이 쌓인다고 한다. 현관에 우산꽂이, 구두주걱, 쓰레기, 분리수거 비닐, 헌책 등을 두지 말고 먼지나 흙은 바로바로 청소하고 깨끗하게 유지하도록 하자. 신발은 가지런히 정리하고 웬만하면 필요한 신발만 꺼내 놓는다.

또, 현관문을 열자마자 거울과 화장실이 보이면 안 좋다. 거울은 행운을 반사하기 때문에 현관 거울은 정면이 아닌 측면에 두어야 한다. 화장실 또한 집에서 좋지 않은 기운이 모이는 곳으로, 현관을 열자마자 보인다면 중문이나 커튼으로 가려 주는 게 좋다. 현관으로 좋은 기운이 많이 들어오게 하려면 늘 밝고 깨끗하게 유지해야 한다.

집안의 중심인 '거실'에 재물이 쌓이는 공간이 있다?

소파는 현관에서 대각선 방향에 두자. 풍수적으로 대각선 위치는 사람과 재물이 쌓이는 공간이어서 거실 소파를 둘 때도 현관과 대각선 방향으로 놓으면 좋다.

또, 거실 중앙에 좋은 그림을 걸어 두자. 거실 중앙은 집 안의 중심으로 현관에서 보이는 곳에 가족사진을 걸어 두면 가정이 화목해진다. 해바라기, 부엉이, 황금잉어 등 행운과 금전운을 불러들이는 액자를 걸어 두는 것도 좋다. 현관문을 열자마자 보인다면 금상첨화다. 컬러는 옐로우 계열의 인테리어가 좋다고 한다. 옐로우 계통의 인테리어는 재물을 상징하기 때문에 재물복 상승에 효과적이다.

재충전 장소인 '침실'에 좋은 기운 부르려면

침실은 모든 기운이 모이는 공간이다. 침대는 벽에서 조금 떨어뜨려 주자. 벽을 사이에 두고 침실 내외부의 서로 다른 기운

이 부딪히기 때문에 침대는 벽에서 20~30센티 떨어뜨려 놓는
게 좋다. 베개는 클수록 좋고, 2개 이상 세트로 둬야 재물운 상
승에 효과적이다. 침대는 방문에서 최대한 멀리, 대각선 방향
끝에 두어야 거실에서 침실로 들어오는 기운이 부드럽게 순환
할 수 있다.

멀티 공간인 '아이방'은 침대와 책상 위치가 중요

벽의 찬 기운이 아이 건강에 좋지 않을 수 있으니 침대를 벽
에서 살짝 떨어지게 두자. 그리고 머리 방향은 누워서 방문을
바라볼 수 있어야 한다. 창문을 통해 양기가 들어오기 때문에
책상은 창문을 마주 보지 않게 한다. 전신거울이나 발코니로
통하는 유리문은 기의 흐름을 산만하게 만들기 때문에 아이방
에는 없는 게 좋다. 아이방은 학습 공간이자 놀이 공간, 잠자는
공간으로 다양하게 활용된다. 멀티 공간인 만큼 침대와 책상의
위치를 잘 배치해야 좋다.

가족의 건강을 담당하는 '주방'에 재물운까지 불러오려면?

칼이나 가위는 기를 상하게 하기 때문에 보이지 않게 보관
한다. 물과 불은 멀리해야 한다. 상반된 성질인 물과 불은 가까
이 두면 각자의 기운이 충돌하기 때문에 전자레인지, 가스레인
지는 냉장고와 멀리 두어야 한다. 공간이 여의치 않다면 중간에
관엽식물을 놓는 것도 괜찮다. 그릇은 복을 담는 의미가 있어

설거지한 그릇에 행주나 천을 덮거나 엎어 놓으면 재물운을 막을 수 있어 주의해야 한다.

내밀한 공간인 '욕실'은 닫아야 나쁜 기운을 막는다

나쁜 기운을 내려보내는 변기는 뚜껑을 닫아서 관리해야 한다. 기의 균형을 유지하고자 조명을 밝게 하면 재물운 상승에 도움이 된다. 배수구는 깨끗하게 관리해야 악취를 막고, 기 흐름이 맑아진다. 욕실은 물이 많아서 나쁜 기운이 발생하기 쉽다. 항상 깨끗하게 유지하도록 하자.

 복이 들어오는 소품

1. **화초** : 10평당 한 개 정도의 화초가 적당하며 사람의 키보다 낮은 식물로 잎이 뾰족한 침엽수가 아닌 관엽식물이 좋다.

2. **가족사진** : 가족사진은 집안의 명예운과 화목운을 높이는 데 최고의 소품이다. 현관에 들어와서 정면에 보이는 곳이 가족사진을 걸기에 가장 좋은 위치다.

3. **소파** : 소파는 가급적 어두운 컬러보다 집안 분위기에 맞추면서 되도록 밝은 컬러가 좋고, 쿠션은 가능하면 너무 크지 않은 크기에 짝수로 배치하는 것이 좋다.

4. **재물과 관련된 그림이나 액자** : 거실 크기에 맞춰 혼란스럽지 않고 균형 잡힌 그림이나 액자를 걸어 둔다.

5. 진열장 : 자녀나 부모님이 받은 상장이나 상패 등을 거실에 배치하여 가족
   의 명예를 상징해 주는 것도 좋고, 상장이 너무 많을 경우에는 집안의 별도
   공간에 전시 공간이 있어도 좋다.

6. 사랑과 의지를 담은 소품 : 작은 사진과 액자, 책 등 자신과 가족의 의지를
   담은 물건들로 가족의 꿈과 목표의식을 나타내 준다.

7. 청결 : 가장 기본이 되는 원칙이다. 집안의 청결은 부지런함을 의미하고 부
   지런함이 성공과 부를 만드는 기본이 된다.

 돈이 술술 새어 나가는 집의 특징

1. 현관이 어둡고 지저분하다.
2. 주방 가스레인지에 국물이 얼룩져 있다.
3. 주방 가구의 문이 삐걱거리거나 잘 여닫히지 않는다.
4. 주방이나 식당이 온갖 잡동사니들로 채워져 있고, 개수대에는 항상 먹다 버
   린 음식 찌꺼기가 남아 있다.
5. 환기가 잘되지 않아 쾨쾨한 냄새가 난다.
6. 화장실 타일이나 욕조, 세면기 등에 더러운 얼룩이 잔뜩 묻어 있고, 배수가
   잘 안 되어 불쾌한 냄새가 가득 차 있다.
7. 침실 창가에 온갖 물건들이 쌓여 있다.
8. 침대나 장롱 등 사람보다 물건이 돋보이는 침실은 명예나 진로에도 흉하게
   작용한다.
9. 잠잘 때 머리 부근에 불필요한 물건들이 가득 차 있다.
10. 침실 천장 조명을 깨진 채로 두거나 전구가 나간 채로 둔다.
11. 깨끗하다는 이유로 버려진 물건을 계속 가져다 둔다.

아파트 단기 매도 성공,
물건 고르는 데 30초면 충분하다

다음 파트인 '실질적인 성공기'에 들어가기 전에 경매 초보자들이 가장 많이 고민하는 부분을 시원스럽게 짚어 주고 넘어가려 한다. 바로 '어떤 물건을 골라야 매도가 잘될까'이다. "특별한 기술이 있나?"라고 생각하는 사람도 많지만, 결국 답은 '실행으로 옮길 수 있는 현실적인 공부'밖에 없다. 매도가 잘되는 물건을 경매 물건에서 찾고 판단하는 것은 수많은 사례 공부를 통해 간접적으로 경험해 보는 것이 큰 도움이 된다.

상담을 하다 보면, 경매 물건에서 물건을 검색하는 것만으로도 너무 힘들어하고, 오래 걸려서 다음 단계로 넘어가지 못하는 사람들을 보게 된다. 공부를 잘하는 사람의 특징은 꼼꼼하기도 하지만, 과감하게 진도를 나간다는 것이다. 잘 모르고 어렵다고 해서 시작 단계에만 머물러 있다가 결국 포기한다면 어떻게 꿈을 실현할 수 있겠는가. 누구에게나 처음은 있고, 헤매는 시기가 존재한다. 이제 그 시기를 잘 극복해 보자.

경매 물건 선택의 함정

앞에서 말했듯이, 가장 많이 막히는 부분이 바로 '경매 물건을 고르는' 단계다. 실제로 한다고 생각하고 한번 따라가 보자. 경매 물건을 보면 먼저 '주소 선택'에서 해당 지역을 설정할 수 있다. 아마 부산에 사는 사람은 부산을, 대전에 사는 사람은 대전을 선택해 그 지역의 물건을 보려 할 것이다. 그래도 상관없지만, 소액으로 경매 물건을 찾는 데는 한계가 있기 때문에 나는 '전 지역을 다 보라'고 조언한다. 조건을 좁히는 것보다는 일단 넓혀서 보면 좀 더 많은 선택지를 찾을 수 있다. 물건 종류는 '아파트'로 설정하면 된다.

이 단계에서 보통은 감정가를 보는데, 소액투자자는 감정가를 1억으로 설정하고 소액으로 할 물건들을 중심으로 보는 편이 좋다. 예를 들어, 450건 정도가 검색되었다면 여기서 입찰할 물건을 고르는 것이다. 입찰 날짜와 금액 등을 보면서 목록을 쭉 살펴본다. 관심이 가는 물건이 있으면 클릭을 해서 보되, 사진을 보며 정상적인 모양이구나 정도만 확인한다. 이때 지도를 누르고 로드뷰까지 켜서 동네를 활보하고 다니는 경우가 있는데, 이는 별로 도움이 되지 않는다. 지도를 볼 때는 '아파트가 하나만 있는지' '주변에 뭐가 있는지' 정도만 간단히 살펴보고 얼른 끄는 게 낫다.

그리고 바로 감정평가 현황으로 넘어간다. 여기엔 토지 면적과 건물 면적, 감정가, 사용승인 등이 상세히 나와 있다. 뭔가

놓칠까 하는 조바심에 이런 것들을 꼼꼼하게 살펴보게 되는데, 사실 별로 중요하지 않으니 넘어가자. 다음으로 현황 위치, 주변 환경에 나와 있는 내용 역시 시간을 할애해서 보는데, 주변에 무엇이 있는지만 눈으로 대충 확인한 후 나머지는 빠르게 넘어간다. 보통 이 단계에서 다음 5가지를 살펴보느라 시간을 많이 뺏기는 사람들이 있는데, 아래 내용을 참고해서 앞으로는 간단히 체크한 후 넘어갈 수 있도록 하자.

첫째, 해당 물건 인근에 있는 가장 대표적인 건물. 고등학교가 있는지, 관공서가 있는지, 쇼핑센터가 있는지 등을 대략 보면 되는데 앞서서 지도에서 확인했으니 넘어간다.

둘째, 교통 현황과 관련한 내용. 아파트를 지을 것이 아니라 이미 지어진 아파트이므로 일반적인 상황들이다. 그래서 '좋다' '나쁘다'라고 나오지 않는다. '보통' '무난함' 정도로 표시되니 이 부분은 빠르게 체크하고 넘어간다.

셋째, 토지의 모양. 역시 이미 지어진 아파트를 보는 것이므로 토지 모양이 세모다, 동그랗다 등은 중요치 않다. 여기서 시간을 많이 끌지 않도록 한다.

넷째, 해당 물건이 접한 도로 상황. 4차선 도로인지, 2차선 도로인지 등이 나온다. 전혀 중요한 사항이 아니므로 신경 쓰지 않는다. 포장 여부는 굳이 집착하지 않는다. 아파트가 나 있으니 대부분 포장이 되어 있다.

다섯째, 시설에 대한 내용. 위생설비, 급배수설비, 도시가스(간혹 LPG도 있다), 개별난방, 승강기, 소화전 등의 기본적인 시설이다. 이 내용을 보고 입찰 여부를 결정할 것이 아니므로 특이 사항이 없다면 그냥 넘어간다.

위 5가지는 낙찰받을 아파트를 선택하는 데 절대 중요하지 않은 내용이다. 따라서 그냥 눈으로 쓱 훑고 내려가면 된다. 이 단계에서 많은 시간을 뺏기는데, 그게 바로 경매 물건 선택의 함정이다. 속지 않도록 주의하자.

경매 물건 선택과 판단, 30초 안에 끝내기

다음 나오는 것이 '임차인 현황 권리분석'이다. 권리분석에 대해서는 앞에서 상세히 살펴보았다. 기억을 되살려 이 부분을 잘 보도록 하자.

낙찰받고자 하는 물건에 임차인이 없다면 거의 소유자가 점유하고 있거나 임차인이 아닌 제3자가 점유하고 있다고 보면 된다. 임차인이 있다면 대항력 유무를 봐야 하지만, 대항력이 있다 하더라도 물건을 검색하는 단계에서 권리분석을 너무 정확히 할 필요는 없다. 물건만 괜찮다면 일단 '관심물건'으로 찜해두자. 건물등기에서 말소 기준 등기 이후에는 모두 소멸된다. 이것이 경매의 매력일 것이다. 이런 내용을 살피면서 쭉 보는데 '가처분'이라는 말이 나온다면 잠시 멈추자. 이때 가처분이 소유권이전처분금지 가처분인지 아닌지를 살핀다. 만약, 소유권이전 처분금지에 관한 가처분이라면 낙찰 후 본소송으로 진행 시 소유권을 빼앗길 수 있다(굉장히 위험하다).

자, 이렇게 하면 물건 검색은 끝이다. 내 관심물건을 찾는 데 딱 30초. 이보다 긴 시간이 걸린다면 다음 단계로 넘어가기 어렵다. 세세하게 내용을 살펴봐야 할 단계는 바로 다음이다. 나는 항상 '많은 물건을 보고 그 속에서 좋은 물건을 고르라'고 이야기한다. 10개도 채 못 보고 그 속에서 괜찮은 물건을 고르는 것과 수십 건을 보고 그 속에서 괜찮은 물건을 고르는 것은 매우 다르다. 어떻게 보면 경매는 속도전이다. '누가 좋은 물건을 빨리 골라 빠르게 조사하고 빠르게 입찰하는가.' 이게 가장 중요하다. 처음 경매 물건 살펴볼 때 하나하나 모든 걸 다 살펴보며 판단하려 들지 말자. 빠르게 보면서 선택지를 줄여 나가는 게 핵심이라는 것을 기억하자.

특히 고려해야 할 것은 '내 투자금으로 할 수 있는 물건은 뭐지?' 하는 것이다. 대출을 활용하면 투자금 대비 3배까지 입찰가를 쓸 수 있다. 수중에 2천만 원이 있다면 6천만 원의 입찰가를 쓸 수 있고, 5천만 원이 있다면 1억 5천짜리도 노려 볼 수 있다. 대출을 감정가 60퍼센트, 낙찰가 80퍼센트 중 낮은 금액으로 받을 수 있다고 생각하고 그 선에서 물건을 추려 나가면 된다.

경매 교육을 받으러 오는 사람들은 크게 두 부류로 나뉜다.

단순한 사람과 복잡한 사람이다. 복잡한 사람은 관심물건을 골라 담기까지도 오래 걸리지만, 물건을 담고 나서도 '이 물건 과연 입찰해도 될까?' '명도하는 거 어렵지 않을까?' '이거 잘 팔릴까?' '입찰 금액은 얼마나 쓰지?' 등의 고민을 계속한다. 반면에 단순한 사람은 물건을 검색할 때까지 일단 아무 생각을 하지 않는다. 입찰은 정확한 사실을 기반으로 한다. 앞에서 알려준 방법대로 쭉 체크하며 빠르게 물건을 담고, 일단 담고 나서는 즐거운 마음으로 최종 선택을 하면 된다.

내가 선택한 물건, 잘 팔릴까?

물건을 골랐다면, 마지막으로 가장 궁금한 부분은 '이 물건이 잘 팔릴까?' 하는 것이다. '낙팔낙팔', 즉 낙찰받고 팔면서 수익을 내기 위해서는 거래가 잘 이루어지는 물건인가가 매우 중요하다. 그렇다고 이 문제로 또 깊은 생각에 빠져들 필요는 없다. 우리는 '정확한 정보' 위에서 빠르게 움직이면 된다. 그럼 물건의 거래량은 어떻게 확인할 수 있을까?

내 물건을 경매 물건에서 찾고, 네이버 부동산을 클릭하면 바로 부동산으로 연동된다. 연동된 다음에는 '동일 매물 묶기'를 클릭한다. 동일한 매물을 여러 부동산중개소가 올리는 경우가 있으므로, 동일 매물을 묶으면 한 매물당 하나씩 볼 수 있다. 그다음 면적을 설정한다. 전용 평수가 아닌 공급 면적, 분양 면적을 클릭한다. 경매 물건 면적과 동일한 면적을 클릭하고, '평'으로 바꾸어서 본다. 그런 다음 '매매'로 들어간다. 여기서 이 물건의 시세, 실거래가를 살펴보면 그동안의 거래량을 알 수 있다. 하단에는 거래 날짜까지도 구체적으로 나와 있는데, 우리는 단기 매도를 목표로 하므로 이 부분은 잘 살펴볼 필요가 있다. 아무리 싸고 좋은 물건을 낙찰받았다 하더라도 거래가 되지 않으면 의미가 없다. 사려는 사람이 여럿 있어야 가격을 조금 낮춰서라도 빠르게 매도할 수 있다. 그런데 거래량이 없다면 찾는 사람이 없단 얘기고, 그러면 팔 수도 없으니 이 원리를 이해하고 있어야 한다.

　만약 2,500세대인데, 총 매물이 70개 정도 나와 있다면 매물이 많은 건 아니다. 전체 세대의 5퍼센트 이내라면 굉장히 적다고 볼 수 있다. 그러면 '아~ 여기에서 가격 경쟁을 하는구나.' 생각할 수 있다. 그리고 대부분 6천만 원 전후로 거래가 되었는데 누군가 6,700만 원에 내놓았다면, '이것은 주인의 희망 사항이고, 실제 거래는 그렇게 된 적이 없으니 가격 절충 중에 있겠구나.' 예상해 볼 수 있다. 주변에 학교도 없고 허허벌판인 것 같은데 팔릴까? 이런 짐작이 아닌 정확한 데이터를 보고 분석할 줄 아는 게 중요하다. 매물이 많지 않다는 건 거주하는 사람들이 잘 이동하지 않는다는 것이고, 그럼에도 불구하고 꾸준히 거래가 된다는 건 수요가 있다는 뜻이니 시세 조사를 해 볼 필요가 있다. 등기부등본을 보는데 꾸준히 소유권 이전이 있었다면 별문제가 없다는 뜻이니 걱정하지 않아도 된다.

스트레스 받지 않고 재밌게

나는 경매 물건을 찾을 때 가장 마음이 설렌다. 내가 찾고자 하는 금액대의 물건이 많이 나와 있으면 '이걸 언제 다 보지?' 한숨부터 나오는 게 아니라, '와~ 내가 고를 선택지가 많아서 너무 좋다. 빨리 한번 쭉 보자!' 하는 마음부터 든다. 우리는 돈을 벌기 위해 재테크를 하는 것이다. 어떤 일이든 수고롭지 않은 건 없다. 게다가 경매는 조금만 경험을 쌓으면 금세 물건을 고르는 눈이 생기고, 감이 익혀지기 때문에 금방 재미가 붙을 수 있다. 성공 경험이 하나둘씩 쌓여 가다 보면 어느새 그동안 알지 못했던 새로운 재미에 빠져들 수 있다.

'금액이 너무 낮은데, 이게 맞나요?' '비싼 집이니 당연히 잘 팔리겠죠?' 이런 걱정은 접어 두자. 우리는 단기 매도를 할 거니까. '낙찰받고 팔고 낙팔낙팔'을 꾸준히 하는 게 우리의 목표다. 모르는 지역이니 지역 분석을 꼼꼼하게 하고, 지역적인 호재가 무엇이 있는지, 유동 인구는 어떻게 되는지, 인구수 추세는 어떤지… 이런 것도 우리에겐 중요하지 않다. 앞에서 말한 방법으로 빠르게 매물을 검색하고 낙팔낙팔(낙찰받고 파는) 경험을 자꾸 쌓아 간다면 어느새 경매 전문가가 되어 있을 것이다.

무엇보다 많은 물건을 빠르게 보는 게 중요하다! 금액이 적을수록 속도전으로 승부를 내야 한다는 것을 기억하자. 나도 처음 시작할 때 적은 돈으로 했기 때문에 한정적인 조건으로 최대한 많은 물건을 보려고 노력했다. 수없이 반복하며 물건을 보다 보니 결국 낙찰을 받아서 매도를 하는 데 중요한 요소는 몇 가지 되지 않는다는 걸 발견했다. 요즘 '가성비'라는 표현을 많이 쓴다. 경매에서는 단순한 사람이 되어 속도전으로 '가성비' 높은 검색을 하는 게 좋다. 자, 이제 이런 원스톱 방법으로 낙팔 낙팔에 성공한 사례들을 살펴보기로 하자.

세연쌤의 똑소리 나는

'낙팔낙팔'
성공기 훔쳐보기

아무리 뛰어난 능력이 있어도 효과적인 계획을 세우지 않으면 부자가
될 수 없다.
계획이 어긋나더라도 한 번의 실패일 뿐이지 완전한 실패가 아님을
잊지 말라.
그냥 이번 계획이 별로였을 뿐이니 다음번 계획을 잘 세우면 된다.
실패하면 다시 계획을 세우고 도전하면 된다.
성공은 그런 과정의 반복으로 이룰 수 있다.

| 나폴레온 힐(Napoleon Hill)_
 성공철학의 거장, 수많은 베스트셀러의 저자

사례 1

50대 워킹맘, 순투자금 4,300만 원으로
월세 400만 원 나오는 다가구 건물주 되다!

    미정 씨(가명)는 19세, 20세 자녀가 있는 50대 후반의 워킹맘
이다. 살림에 보태고자 교대근무를 하면서 열심히 일을 했다.
하지만 자녀를 키우고 노후까지 준비하기에는 늘 빠듯했다. 부
부가 버는 월급만으로는 자녀를 키우기가 녹록지 않을 것 같아,
결혼한 지 얼마 안 됐을 때는 이런저런 재테크 수단을 알아보
기도 했다. 그러다 지인의 말을 듣고 서울에 있는 다가구를 일
반 매매로 산 적이 있다. 다가구를 선택할 때는 수익률을 잘 따
져 보는 게 무엇보다 중요하다. 하지만 미정 씨는 당시 부동산
에 대한 이해도가 너무 낮았고, 일단 급한 마음에 있는 돈을 다
끌어다 계약을 했고, 전세로 전부 세팅을 했다.
    그리 싸지 않은 매매가로 매입을 했고, 관리하며 수리도 해
야 하고 신경 쓸 게 많다 보니 수익률이 좋지 않다고 판단하고

는 3년 후에 매도를 했다. 그렇게 시간이 많이 흐른 후에 다시 부동산으로 눈을 돌리게 된 것이다.

"이제 일할 나이도 얼마 남지 않았고… 고정수익이 없으면 노후에 많이 힘들어질 것 같아서요. 하루라도 빨리 현금흐름을 만들어야 할 것 같은데…"

미정 씨는 한 차례 부동산투자를 경험한 적이 있어서 다시 도전해 보고 싶다고 했다. 그렇게 다가구 경매에 도전했고, 매우 성공적인 결과를 얻을 수 있었다. 미정 씨가 낙찰받은 물건은 다음과 같다.

[물건 정보]
- 지역 : 전북 전주시 덕진구
- 토지 면적 : 88평 / 건물 면적 : 156평
- 감정가 : 8억 6,690만 6,780원
- 입찰 내역 : 유찰 1회
- 최저가 : 6억 683만 5천 원
- 낙찰가 : 6억 8,442만 3천 원

미정 씨는 감정가 대비 79퍼센트인 6억 8,442만 3천 원에 다가구를 낙찰받았다. 이 물건 주변에는 비슷한 연식의 다가구 물건들이 밀집되어 있다. 이 물건은 2015년에 사용승인을 받아 9년 차가 되었는데, 건물 주차장도 잘 되어 있고 컨디션도 좋아서 메리트가 있어 보였다.

다가구는 가장 중요한 점이 수요다. 그래서 입찰 전 시세 조사를 할 때 수요가 탄탄하고 안전한지를 가장 주요하게 조사한다. 그렇다면 이 물건은 어떤 식으로 수요를 예측해 볼 수 있을까?

우선, 입지적인 부분을 보자. 전주시는 덕진구와 완산구 두 개의 구로 이루어져 있다. 완산구는 남쪽, 덕진구는 북쪽. 주변에는 동쪽으로는 에코시티, 남쪽으로는 전주혁신도시와 만성지구가 자리하고 있다. 이 물건이 있는 곳은 전주시에서 서북단에 위치한 덕진구인데, 완주군하고 익산, 군산까지도 출퇴근하는 사람이 대부분이다. 그리고 바로 옆에 산업단지가 있다. 산업단지 근로자도 거주하지만, 완산구로 출퇴근하는 경우도 많다. 익산, 군산도 거리가 멀지 않기 때문에 상당수 거주가 가능하다. 2024년에는 바로 옆 산업단지에 탄소 소재 산업이 많이 발전할 것이기 때문에 일자리가 창출되어 입주 수요가 많이 유입될 것임을 예측해 볼 수 있다. 즉, 작은 도시지만 입지적으로 수요가 매우 탄탄하다.

그다음, 물건의 컨디션을 살펴보자. 우선, 이 물건은 11가구로 구성되어 있다.

- 원룸 3개(보증금 300만 원/월세 40만 원)
- 1.5룸 4개(보증금 500만 원/월세 50만 원)
- 2룸 2개(보증금 1천만 원/월세 60만 원)
- 3룸 1개(보증금 2천만 원/월세 87만 원)
- 상가 1개(보증금 500만 원/월세 50만 원)
  → 총 보증금 7,400만 원/월세 580만 원

전주 하면 바로 떠오르는 건 '한옥마을'이다. 이 물건의 공용 현관문을 보면 한옥 스타일로 고풍스럽게 디자인되어 있다. 복도 벽도 예쁘고, 전체적으로 깨끗하고 자재가 고급스럽다. 총 10가구로 되어 있고, 1층에 상가가 하나 있다. 가구수가 많지 않지만 임대료가 높아 수익률이 매우 좋다. 방 내부 역시 깨끗하고, 중문도 설치되어 있다. 주방도 분리되어 있고 원룸인데 꽤 넓다. 냉장고, 커튼, 벽걸이 에어컨이 모두 갖춰져 있고 세탁기도 옵션으로 잘 되어 있다. 욕실은 수리하지 않았는데도 깨끗해서 거의 수리비가 들어가지 않았다.

자, 이제 수익을 계산해 보자.

[물건 정보]
- 대출 : 5억 8,100만 원
- 이자 : 6.4퍼센트, 한 달 310만 원
- 초기비용 : 1억 1,700만 원
- 회수할 보증금 : 7,400만 원
- 순수 투자금 : 4,300만 원
- 월수익 : 580만 원 중 이자 310만 원을 제외한 나머지 순소득은 270만 원

수익률은 75퍼센트. 이런 경우 수익률을 좀 더 높여 볼 수 있다. 주변이 관광지이기 때문에 1.5룸, 2룸을 하나씩 단기 임대를 놓을 수 있다. 미정 씨는 '리브애니웨어', '33m2'라는 단기 임대 플랫폼에 매물을 올려서 단기 임대를 했다. 매월 1.5룸은 1백만

원, 2룸은 120만 원을 받는데 주말과 평일이 요금이 달라서 월 200만 원 정도 수익이 난다. 임대료 270만 원에 단기 임대 200만 원을 받으면 총수익은 470만 원으로 더 올라간다.

사실 1층 상가에 셀프 빨래방을 운영하면 수익률을 더 높일 수 있다. 아직은 워킹맘이라 그것까지는 힘들어서 당분간 임대 수익만 창출할 것이라고 했다.

다가구의 경우, 너무 오래된 물건을 낙찰받으면 수리비가 많이 들어가 오히려 손해를 볼 수도 있다. 따라서 낙찰받기 전에 그런 부분까지 모두 계산에 넣은 후 입찰가를 정해야 한다. 경우에 따라 "나는 저렴하게 낙찰받아 리모델링을 해서 준신축급으로 만들어 보려고요. 그렇게 해서 매매 시세를 높이면 되지 않을까요?" 하는 경우엔 추천할 수 있다. 하지만 소액으로 투자하는 경우, 비용이 많이 들어가지 않는 컨디션 좋은 다가구 물건을 눈여겨보는 것이 좋다. 아무리 지방이라도 다가구 물건의 감정가가 10억이 다 넘어간다. 지방도 신축 다가구를 새로 짓는다 하면 20억까지 충분히 간다. 자재비, 인건비가 너무 많이 올라서 오히려 10년 정도 된 수익률 좋은 다가구 물건이 훨씬 메리트가 있다.

미정 씨의 말처럼 대부분의 사람들이 월급만 바라보고 사는 것에 불안감을 느낀다. 물가는 계속 오르는데 그에 비해 월급은 오르지 않는다. 재테크는 이제 선택이 아닌 필수가 되어 버린

시대다. 월급 외에 다른 현금흐름을 만들어 놓지 않으면 나이가 들수록 불안감은 증폭될 수밖에 없다. 50대인 미정 씨가 늦기 전에 다가구를 경매로 낙찰받아 현금흐름을 만들어 놓기로 한 건 정말 현명한 판단이다. 그 덕에 노후 준비는 물론, 꾸준히 투자를 할 수 있는 바탕이 만들어졌기 때문이다.

같은 투자금을 가지고 수익률을 극대화하면서 제2의 월급을 만드는 사람이 있는가 하면, 투자금은 많은데 불안해서 시도조차 못 하는 이들도 있다. 나 역시 경매를 한다고 했을 때 주변의 반응은 부정적이었다. 게다가 대출받은 돈으로 시작한다는 게 얼마나 리스크가 크다고 생각했을까. 하지만 지금 내게 그런 말을 하는 사람은 아무도 없다. 기회는 움직이는 자에게만 주어진다고 했다. 미정 씨의 이야기를 부러워만 하지 말고 지금 바로 도전해 보자. 소액의 자본으로도 얼마든지 내 소유의 물건을 가질 수 있다는 것. 그것이 부동산경매가 가진 가장 큰 매력일 테니까.

사례 2

차가지 팔아서 3천만 원으로 시작한 경매,
3개 낙찰받는 데 성공, 수익은 과연 얼마일까?

강원도에서 공무원으로 직장 생활을 하고 있는 강호(가명) 씨는 올해 27세다. 젊은 나이지만 일찍 경매에 눈을 떴고, 부지런하고 적극적인 성격이 부동산경매와 잘 맞았던 덕인지 지속적으로 수익을 내게 된 아주 좋은 케이스다.

강호 씨 역시 처음에는 자본이 많지 않았다. 투자금 3천만 원으로 처음 경매를 시작했는데, 직장 생활이 길지 않아 목돈이 없었기 때문에 타고 다니던 차도 과감하게 작은 것으로 바꾸고 경매에 뛰어들었다. 강호 씨의 경우 소액이기에 투자금을 확실히 확보하자는 전략을 짰다. 그는 항상 현장에 가서 조사를 하며 세세하게 물건을 살펴보려고 노력했다. 그렇게 첫 번째 입찰 물건은 1억 원 이하의 아파트. 월세를 세팅했고, 시세도 조금씩 올라서 생각했던 것보다 1천만 원 더 차익을 볼 수 있었다. 그렇게 시작한 경매로 두 번째는 어머님 집을 낙찰받아 드렸다. 직접 살 집이니 더욱 현장을 꼼꼼하게 살피면서 성공적으로 낙찰을 받았다.

강호 씨는 두 번 경매를 받고 나자 더 적극적으로 도전하기 시작했고, 세 번째 경매로 임야에 도전하게 되었다. 안성에 있는 임야였는데, 앞이 뻥 뚫려 있는 326평짜리 임야였다. 산이라서 지목은 임야이고, 용도는 계획관리지역. 큰 장점은 앞에 2차선 도로가 붙어 있다는 것이다. 토지는 '도로가 있는지 없는지, 도로에 접해 있는지 아닌지'가 굉장히 중요하다. 거기에 따라서 평당 시세가 크게 달라진다. 그런데 강호 씨가 낙찰받은 임야는 2차선 도로가 붙어 있다. 안성은 계획관리지역을 찾기가 하늘의 별 따기다. 그리고 '안성' 하면 뭐가 생각나는가? 바로 서울-세종간 고속도로! 교통 호재가 있다. 여기는 안성 중에서도 제일 북쪽에 있는 서운면인데, 물론 서울과 거리는 가장 멀지만, IC가 가깝고 교통이 편리한 곳이기 때문에 기업체와 산업단지들이 굉장히 선호하는 입지다.

다주택자의 경우, 주택이 아닌 다른 종목으로는 경매에 투자할 수 있다는 것을 앞에서 공부했다. 즉, 이렇게 임야, 토지, 공장, 이런 쪽으로 눈을 돌리면 충분히 가능하다. "투자금이 많이 들어가지 않나요?" 물어볼 수도 있는데, 실제로 강호 씨가 낙찰받은 물건을 보면 '나도 할 수 있겠구나.' 하는 생각이 들 것이다.

우선, 물건의 컨디션부터 살펴보자. 임야 주변을 둘러보면 묘지가 있다. '무연고 묘지가 있으면 골치가 아프다던데?' 하는 생각부터 들 수 있다. 하지만 이런 부분들도 해결할 방법이 있다. 초보자들의 경우에는 물론 걱정이 되겠지만, 한 가지만 주의해서 살펴보자. 바로 '묘지가 관리되고 있는가 아닌가' 하는 것. 관리가 되고 있다면 무연고가 아니라 누군가가 관리하고 있다는 뜻이다. 그러면 당사자와 협의를 통해 이장하거나 매도할 수 있다. 직접 현장에 왔을 때 묘지가 보인다고 해서 바로 포기하지 말고 관리 여부를 확인한 후에 선택해도 늦지 않다. 다행히 강호 씨가 임장을 갔을 때는 묘지가 잘 관리되어 있어 크게 걱정할 필요가 없었다.

또, 옆에 공장이 있었다. 그것도 건축된 지 얼마 안 된 신축급. 이런 공장들도 처음에는 임야였던 곳을 사서 건축을 했을 것이다. 예전에 서운면에 공장이 하나 낙찰된 사례가 있다. 살펴봤더니 토지가 363평이었는데 평당 237만 원에 낙찰이 되었다. 그렇다면 이 물건은 얼마에 낙찰이 되었을까? 이런 부분을 잘 따져 보는 것이 '내가 얼마나 수익을 낼 수 있을까?'와 직결된다. 낙찰받은 공장의 경우, 도로 안쪽으로 더 많이 들어갔다. 그런데 지금 이 임야는 큰길에서 많이 들어가지 않는 더 좋은 입지에 있다. 그리고 물건지에서 3킬로미터 이내에 서울 입장 IC가 생길 예정이다. IC 근처에 있는 토지는 시세가 매우 높다. 강호 씨의 임야 또한 IC에서 3킬로미터 이내이기 때문에 앞으로도 충분히 상승 가치가 있다고 확신할 수 있다.

[물건 정보]
- 지역 : 안성 서운면
- 대지권 : 326평
- 감정가 : 1억 6천만 원
- 낙찰가 : 2억 7,010만 원(평당 82만 원)

정보를 보면 감정가가 많이 낮다는 걸 알 수 있다. 차순위 감정가가 1억 9,100만 원으로 차이가 좀 난다. 보통 감정가만 보면 '너무 비싸게 낙찰받은 거 아닌가?'라고 생각할 수 있지만, 앞에서도 계속 강조했듯 감정가는 절대 시세가 아니다. 이 경우 역시 2021년에 감정이 난, 오래된 경우이기 때문에 현재 시세를 잘 살펴봐야 한다. 그사이 이미 굉장히 많이 올랐고(현재 시세는 4억 2천만 원으로 평당 130만 원이다), 호재가 많기 때문에 가치가 더 높아질 것이다. 강호 씨는 그 이상을 바라보았기 때문에 감정가 대비 낙찰가를 165퍼센트로 확신하고 받았다.

대출은 입찰 전 조사에선 9천만 원으로 얘기했는데, 실제로 받아 보니 1억 2천만 원까지 가능했다. 그렇다 해도 낙찰가의 45퍼센트밖에 안 된다. 감정가 이상으로 낙찰을 받았기 때문에 은행에서 대출을 많이 내주지 않은 것이다. 그래서 순투자금은 법무사 비용 포함 1억 8천 5백. 강호 씨 혼자서는 이 물건을 모두 살 수 없었기 때문에 마이너스대출을 이용해 지인들과 함께 공동투자를 했다. 그래서 1인당 투자금은 6천만 원. 함께 투자한 사람들도 모두 대출을 이용했는데, 나중에 시세차익을 봤을 때 대출금까지 다 상환하고도 차익을 볼 수 있도록 계산해서 낙찰받은 물건이다.

　강호 씨는 그 이후로도 계속 공격적으로 경매에 도전하고 있다. 직장인이다 보니 쓸 수 있는 시간이 한정되어 있지만, 짬을 내어 계속 임장을 다니고 자산을 불리는 데 집중하고 있다. 물론 '과유불급'이라는 말도 있지만, 나는 적어도 자신의 관심사와 좋아하는 것, 매력을 느끼는 것에는 욕심을 부리고 적극적이어야 한다고 생각한다. 강호 씨는 그런 마음으로 경매에 집중해서 앞의 두 번째 물건에서도 이미 차익을 보았지만, 임야까지 공동투자해서 큰 이익을 본 셈이다. 이제 27세인 그의 10년 후, 20년 후 미래는 어떨까. 경매에 하루라도 빨리 도전하라고 얘기하는 건 그 때문이다. 출발은 같을지라도 결승선에서의 모습은 다르다. 강호 씨는 이제 안정적인 노후뿐 아니라 자신이 진짜 원하는 일들을 여유롭게 하며, 타인에게도 도움을 주는 미래를 그려 볼 수 있을 것이다. 이것은 비단 강호 씨만의 이야기는 아니다. 이 책을 읽는 모든 사람이 그 주인공이 될 수 있다. 물론, 매일 감사하고 자신의 삶에 만족하는 것도 중요하다. 하지만 자신이 원하는 미래를 위해 과감하게 도전하고 부족함을 채우기 위해 노력하는 것도 삶의 큰 미덕이지 않을까. 시간과 에너지를 투자하며 달려가는 모든 이들의 꿈을 응원한다.

사례 3

아픈 딸을 위한 엄마의 도전,
월세 400만 원 다가구 경매에 성공하다!

시은(가명) 씨에게는 아픔이 있다. 결혼만 하면 행복하리라 믿었던 예상과 달리 아이를 낳자마자 어려움이 닥쳐 온 것이다. 태어난 지 얼마 안 되어 딸아이가 아프기 시작했고, 그렇게 시은 씨의 긴 병원 생활이 시작되었다. 자녀에게 해 줄 수 있는 게 없고 미래가 불안할 때 그 말할 수 없는 암담한 심정을 나도 겪어 봐서 잘 안다. 시은 씨는 남편이 벌어 오는 돈만으로는 세 식구가 안락하게 살 수 있는 노후를 결코 꾸릴 수 없다는 걸 알았다. 그렇다고 아이를 돌보느라 단절된 자신의 경력으로는 목돈은커녕 고정적인 수익을 벌기가 거의 불가능에 가까웠다. 아픈 아이를 돌보며 몸도 마음도 지친 데다가, 이런저런 상황으로 인해 자존감 역시 한없이 떨어졌다.

집에서 고민하던 중에 부동산경매가 눈에 들어왔다. 결혼을 하며 남편과 자신이 보태어 만들어 둔 목돈을 모으면 다가구 하나쯤은 도전해 볼 수 있지 않을까. 게다가 뚜렷한 경력을 가지지 않아도 할 수 있는 일이 경매니까. 이런 생각으로 시은 씨는 용기를 내 보기로 했다. 월세를 받게 되면 아픈 딸을 위해서라도 든든한 구석이 생길 것이었다.

그렇게 해서 시은 씨는 대전에 있는 다가구를 낙찰받게 되었다.

[물건 정보]
- 지역 : 대전 광역시 관저동
- 토지 면적 : 72.5평 / 건물 면적 : 111평
- 감정가 : 969,943,800원
- 입찰 내역 : 유찰 1회
- 최저가 : 678,961,000원
- 낙찰가 : 899,999,999원

다가구 물건은 지방도 10억이 안 넘어가는 물건이 없다. 이 물건은 감정가가 굉장히 저렴한데 낙찰가도 매우 좋다. 컨디션을 한번 살펴보면⋯ 우선, 이 물건은 다가구 밀집 지역에 있다. 2017년식이라서 7년 차 정도 됐다. 연식은 거의 주변과 비슷해서 외관이 더 좋다고 말하긴 어렵지만, 내부에 들어가면 경쟁력이 있다. 공용 현관부터 우드로 해서 운치가 있고 복도와 계단이 아주 넓다. 아쉽게도 엘리베이터가 없는데, 주변 다가구도 마찬가지라서 큰 단점으로 작용하지는 않는다. 또, 창문 새시를

비롯한 자재들이 좋고 깔끔하다. 전체적으로 젊은 층이 선호할 만한 물건이다.

내부 구성을 한번 보자. 이 물건은 총 13가구로 구성되어 있다.

- 원룸 6개(보증금 500만 원/월세 40만 원)
- 1.5룸 6개(보증금 500만 원/월세 50만 원)
- 주인 세대 1개(보증금 2천만 원/월세 100만 원)

→ 총 보증금 8천만 원/월세 640만 원

건물 내부와 마찬가지로 방 내부도 매우 깔끔하다. 옷장도 슬라이딩 문으로 되어 있어서 공간 활용이 잘되어 있고, 벽면에도 수납이 되도록 예쁘게 해 놨다. 천장 조명도 잘 되어 있고, 에어컨, 책상 등의 옵션도 잘 갖춰져 있다. 주방도 약간 분리를 시켜 놨고, 드럼세탁기, 냉장고, 전자레인지까지 다 있다. 발코니에 빨래도 널 수 있고, 침대, TV, 티비장, 서랍장까지 있고, 환기도 잘되고 무엇보다 해가 잘 들어온다. 전체적인 컬러는 옐로우로 산뜻하게 해 놓았는데, 인테리어 구성 옵션에 신경을 많이 쓴 게 느껴진다.

이곳은 근처에 건양대학교 병원이 있어서 병원 종사자들, 건양대 의대 학생들, 가정집, 직장인으로 구성되어 있다. 주변에 공실이 거의 없고, 다가구 밀집 지역인데도 이 물건이 경쟁력 있다고 판단한 것은, 일반 원룸과는 달리 예쁘고 깔끔하게 잘 빠졌기 때문이다. 이 정도 컨디션, 위치, 건물, 수익률이 나오는 다가구 물건의 경우 10~11억 원에 나와 있으면 급매로라도 할 만하다고 판단한다.

시은 씨는 건물을 낙찰받은 후 도배 80만 원, 보일러 65만 원, 옥상 에폭시 470만 원을 들여 재정비를 했고, 임차인들은 요구하지 않았지만 갑자기 나가야 하는 이들을 배려해 총 400만 원의 이사비를 들였다. 그리고 예상대로 시은 씨는 잔금을 납부한 지 한 달 만에 모든 계약을 완료했다. 투자와 수익을 정리해 보면 다음과 같다.

[물건 정보]
- 대출 : 6억 3천만 원
- 이자 : 5.5퍼센트, 한 달 289만 원
- 이전 비용: 2,300만 원(취등록세 및 법무사 수수료)
- 건물 보수 비용 : 1천만 원(도배, 보일러 교체, 옥상 에폭시, 침대 교체, 이사비 등)
- 회수할 보증금 : 8천만 원
- 총 투자금 : 9억 2,300만 원(순수 투자금 2억 1,300만 원)
- 월수익 : 640만 원 중 이자를 제외한 나머지 351만 원

현재는 월 순소득이 351만 원인데, 곧 1억 원을 상환해 월세를 400만 원에 맞출 예정이라고 한다. 시세는 13억 원 정도, 실거래는 12억 원에 가능하다. 시은 씨는 공실, 매매가격, 거래 사례들, 수요와 입지, 건물의 컨디션 등 여러 가지 면을 공부한 대로 잘 적용해 좋은 물건을 잘 낙찰받은 케이스다. 이제 향후 2년 정도 열심히 돈을 모아서 다시 다가구에 한 번 더 도전할 계

획이라고 한다. 처음에는 겁이 나고 모르는 영역이라 마음을 먹고도 자꾸 움츠러들었는데, 나와 상담한 후에 용기를 낼 수 있었다고 한다. 그렇게 도전한 결과 지금은 확실히 생활적으로 여유가 생겼고, 남편이 버는 돈과 함께 월수익이 많이 늘어나 안전한 노후는 물론이고 딸에게 떳떳한 엄마가 된 것 같아 정말 기쁘다고 한다.

정말 힘든 상황일 때 돌파구를 찾고 싶은 마음은 간절하지만, 막상 그 마음을 실행으로 옮기기는 쉽지 않다. 누구나 처음엔 어렵고, 자기가 가 보지 않은 길에 대해서는 두려움이 생기기 마련이니까. 그래서 멘토가 필요할지 모른다. 먼저 그 길을 걸어가 본 사람을 보면 한결 마음이 놓이고, 내가 의심하고 두려워하는 부분에 대해 조언을 구하고 용기를 얻을 수 있다. 움츠러든 마음으로 나를 만났던 시은 씨가 좋은 결과를 얻어 가는 모든 과정을 지켜보며 나 역시 큰 기쁨과 보람을 느꼈다. 누군가 행복한 삶을 이루는 데 도움이 될 수 있다는 것보다 감사한 일이 또 있을까. 앞으로도 많은 사람들이 부자가 되고 꿈을 이루는 데 도움이 되기를 바란다.

사례 4

15억 원이 될 아파트를
3억 원으로 투자하는 법

기만 씨(가명)는 퇴사한 지 1년 7개월이 되었다. 일찌감치 부동산경매에 관심이 있었지만, 직장 생활을 하며 투자를 하는 데에는 한계가 있었다. 지금은 욕심내면서 경매를 하는데, 낙팔낙팔도 하고 다양한 경험도 하며 성장해 나가는 중이다. 그는 "경매는 하면 할수록 수익이 된다는 걸 확실히 느낀다."라며 좀 더 배우고, 배운 걸 실행으로 옮긴다면 큰 수익도 바라볼 수 있음을 확신한다고 했다. 그래서 점점 목표를 높여 가며 도전하고 있다고.

이번에 기만 씨는 서울에 있는 빌라를 굉장히 저렴한 가격에 낙찰받았다. 2024년 1월 **신속통합기획***으로 지정된 구역 내에 있는 물건으로, 선정되자마

* 서울시가 정비계획 수립 단계에서 공공성과 사업성의 균형을 이룬 가이드라인을 제시하고, 정비구역 지정까지 신속한 사업 추진을 지원하는 제도

자 낙찰을 받았다. 그랬기 때문에 매도 계획은 단기보다는 중기로 보고 있다. 이렇게 많이 유찰된, 소액으로 입찰할 수 있는 물건은 절대 놓치면 안 되는 물건이다. 정보를 간단히 보자.

[물건 정보]
- 지역 : 서울 관악구 신림동
- 토지 면적 : 8.3평 / 건물 면적 : 8.8평
- 감정가 : 2억 6,600만 원
- 입찰 내역 : 유찰 12회
- 최저가 : 2,856만 2천 원

이 물건은 투자금 3,010만 원에 낙찰을 받았다. 그것도 대출 없이.

이 물건은 입지적으로는 그리 좋지 않다. 집까지 가는 길에 언덕이 많은데, 경사도가 심한 고개를 네 개나 넘어야 한다. 하지만 향후 이 물건이 얼마나 가치가 있을지를 알기에 낙찰을 받게 되었다.

연식은 2018년식, 매우 깔끔한 신축 빌라인데, 자동문이 이중으로 되어 있어 보안이 철저하다. 낙찰받고 인테리어를 할 게 없을 정도로 여자들이 딱 좋아할 만한 스타일이다. 8.8평인데도 주방이 굉장히 넓고 안방에는 발코니가 있다. 탄성코트까지 다 되어 있고, 새시도 튼튼하다. 작은 방에도 발코니가 있고, 욕실도 샤워하기에 충분한 공간이 있다.

이 물건의 매매 시세는 2억 6천만 원인데, 대항력이 있는 물건이다. 2억 3천만 원의 대항력이 있는 임차인이 있고, 배당 신청도 다 했다.

기만 씨는 입찰 전에 집을 보러 갔다. 나는 늘 집을 보러 가서 임차인들을 만날 때는 상대방을 배려하고 좋은 인상을 주면 신뢰를 얻을 수 있다고 말해 주는데, 기만 씨는 알려 준 대로 실행에 옮겼다. 그런 기만 씨의 태도에 임차인들은 흔쾌히 집을 보여 주었고, 나중에 명도를 하면서도 아무런 문제가 없었다. 임차인 입장에서는 좋은 사람이 낙찰을 받아 본인의 보증금을 모두 돌려받고 싶었을 것이다. 어려운 부분이 잘 해결된, 서로 감사한 케이스였다.

이 물건은 선수위 임차인이 있다 보니 다 배정받지 못하면 낙찰자가 남은 금액을 인수해야 했다. 권리분석상 앞뒤로 국세와 기타 압류 건들이 있었는데 초보이든 아니든 항상 이런 부분들을 잘 조사해야 한다. 특히 대항력 있는 임차인은 정말 조심해야 한다. 아무리 배당 신청을 했고, 확정일자가 빠르다 하더라도 임차인이 확정일자 또는 전입일자 이전의 체납된 모든 세금, 국민건강보험공단을 포함해서 모든 세금을 먼저 받아 간다. 세금을 정확하게 조사하고 입찰을 해야지, "설마 있겠어?" 하고 들어갔다가 세금만 몇 천만 원 나오면 이 세금까지 인수해야 하는 곤란한 상황이 벌어질 수 있다. 매우 조심해야 하는 부분이다. 이 물건은 경매뿐만 아니라 공매까지 같이 진행되었다. 공공기관이 강제로 물건을 처분하는 공매는 경매와 다르게 재산 명세서가 있다. 재산 명세서에는 채무자의 세금 액수와 언제부터 채납되었는지가 자세하게 나와 있다. 그걸 확인했는데 임차인보다 먼저 받아 가는 세금은 없었다.

한 가지 더! 이 물건은 공매와 같이 진행됐지만, 만약 공매가 경매와 같이 진행되지 않은 물건이었다면 어떻게 했을까? 작은 물건이라도 임차인과 협의해 사건 기록을 열람하고, 세금을 정확하게 확인한 다음 입찰에 들어가야 한다는 것을 명심하자!

최종적으로, 이 물건은 배당 후 2억 200만 원 정도를 기만 씨가 물어 줘야 하는 상황이었다. 이 물건의 전세금이 2억 원이었기 때문에 전세보증금을 세입자에게 돌려주면 운영이 가능했다. 하지만 막상 집을 보니 너무 예뻐서 기만 씨가 실거주하기로 했고, 대출을 받아 전세보증금을 내줬다. 그 대출은 다른 곳에서 끌어온 대출이었다. 이 물건의 경우에는 대항력이 있기 때문에 대출이 나오지 않는다. 기만 씨는 이전에 낙찰받은 토지의 시세가 많이 상승하여 그쪽에서 대출을 당겨 올 수 있었다. 이렇게 부동산을 많이 세팅해 놓으면 여기서 받아서 저기서 메우고, 또 여기서 뽑아서 투자하고 이런 사이클이 형성된다.

부동산투자를 하다 보면 일정 기간 동안 돈이 묶여 투자가 힘들 때가 있다. 하지만 기만 씨처럼 적은 금액으로도 얼마든지 투자가 가능하다. 그리고 서울 안에 있는 빌라이기 때문에 시간을 두고 기다리면 금액이 올라갈 수 있다. 투자는 지금 당장 시세를 보고 낙팔낙팔할 수도 있지만, 기만 씨처럼 멀리 가능성을 보고 투자할 수도 있다. 그게 무엇이든 '안 된다'라는 생각으로 보면 가능한 건 하나도 없다. '된다'고 생각하는 순간, 모든 가능성의 문이 열린다. 안에 있을 때는 상상할 수 없었던 새로운 세계를 보는 건, 늘 긍정적 태도로 그 가능성의 문고리를 쥐는 사람의 몫이다.

사례 5

배달은 이제 그만,
다가구로 699만 원 월세 받는 임대인 되기!

　현주 씨(가명)는 예전부터 간절한 꿈이 있었다. 바로 '다가구 건물주가 되는 것'이었다. 남편이 배달 일을 하고, 본인 또한 이 일 저 일을 하며 가계를 꾸리고 있었는데, 밤마다 녹초가 되어 들어오는 남편을 볼 때마다 마음이 아팠다. 하루도 쉬지 못하고 일하는데도 생각만큼 돈은 모이지 않았다. 그러다 경매를 접하게 되었고, 다가구 건물주가 되면 월세를 받으면서 살 수 있다는 걸 알게 되었다.

　그렇게 2년 동안 내 수업을 받았지만, 실제 경매에 뛰어드는 건 쉽지 않았다. 경매라는 생소한 분야, '어려운 형편에 아무리 소액이라도 혹시 잘못되면 어쩌지?' 하는 두려움 때문에 망설이기만 한 것이다. 현주 씨는 2년이나 수업을 들었기 때문에, 자신보다 늦게 시작한 사람이나 비슷하게 시작한 사람들이 경매 실전에 도전하는 모습을 옆에서 지켜봐야만 했다. 그런 현주 씨가 안타까워 "일단 물건을 검색하고 낙찰받는 과정을 경험해야만 진짜 공부가 된다."라고 조언해 주었고, 현주 씨는 '그래, 다른 사람도 다 하는데 내가 못할 게 뭐야.' 하는 마음으로 실전에 도전하였다. 그렇게 해서 낙찰받은 물건이 충남에 있는 다가구다.

[물건 정보]
- 지역 : 충남 천안시
- 토지 면적 : 101.459평 / 건물 면적 : 154.024평
- 감정가 : 1,193,232,000원
- 입찰 내역 : 유찰 1회
- 최저가 : 835,262,000원
- 낙찰가 : 960,000,000원

이 다가구는 무엇보다 입지가 매우 좋다. 주변에 아파트 단지와 주택단지가 혼재되어 있고, 주택단지의 면적 또한 넓다. 주변의 아파트 단지 시세는 그다지 비싸지 않아 아파트를 선호하는 사람도 있지만, 다가구의 수요 또한 풍부하다. 1~2인 가족, 3인 가족까지 커버할 수 있는 다가구 직주근접(직장과 주거지가 가까운 것)이고, 상권과 인프라가 너무 좋다. 또, 도심 안에 있고 삼성전자를 끼고 있다. 삼성전자의 셔틀버스가 이곳까지 운행하기 때문에 젊은 층의 수요가 풍부하다. 게다가 학교가 주변에 8개나 분포되어 있어 가족 단위도 굉장히 선호한다. 두정동과 성

정동은 20~30대 수요층이 굉장히 많다. 천안은 구불당과 신불당으로 나뉘는데, 구불당은 학원가들이 많다. 따라서 젊은 수요층들이 여기에서 자리를 잡고 아이들을 키우는 생활권이 형성되어 있다.

그럼 1인 가구는 어디서 생활할까? 투자를 할 때는 수요층의 심리를 잘 알아야 한다. 처음에 신입사원일 때는 회사 인근에 방을 구한다. 그런데 연차가 될수록 인프라가 좋은 곳으로, 도심으로 들어오게 된다. 그런 지역에 수요층이 많이 분포되어 있고 주변 공실이 없다.

건물 자체도 매우 좋다. 2012년식으로 11년 차 정도 되었는데도 노후된 느낌이 전혀 없다. 엘리베이터도 새로 교체한 듯 깨끗하다. 건물 전체가 잘 관리되어 있으면 임차인들도 그 성향에 맞춰서 들어온다. 임대료에 맞는 수준의 임차인들이 들어오게 되고, 사용도 깨끗하게 한다.

이런 부분들은 임장을 갔을 때 사전에 꼼꼼하게 체크해야 한다. 벽 틈 사이가 벌어진 데는 없는지, 물이 새는 곳은 없는지 등등 건물의 컨디션을 다각도에서 살펴보고 최대한 관리가 잘된 곳을 선택하는 것은 가장 기본적인 팁 중 하나다.

현주 씨가 낙찰받은 물건은 1층에 상가나 다른 용도 없이 전체가 주거용인 100퍼센트 다가구 건물이다. 다가구는 주택으로 사용하는 건물 면적이 660제곱미터 이하, 200평 이하여야 한다.

200평이 넘어가면 건설산업기본법 위반이다.

이 물건은 15가구로 구성되어 있다.

- 원룸 6개(보증금 300만 원/월세 37만 원)
- 1.5룸 9개(보증금 500만 원/월세 47만 원)
  → 총 보증금 6,300만 원/월세 645만 원

여기서 다가구 관련 꿀팁! 주변에 아파트가 있는 경우, 아파트 시세도 같이 조사해야 한다. 아파트 월세 임대료, 신축, 노후도에 따라, 면적에 따라 월세 임대료가 높지 않은 아파트가 주변에 있다면 다가구의 임대료에도 한계가 있다. 수요층 자체가 아파트로 이동하기 때문이다. 아파트 월세의 경우에는 집주인들이 올 리모델링을 해 주고 임차인을 받는다. 그러면 게임이 안 된다. 백 퍼센트 공실이 될 위험이 크다. 다가구를 할 때 가장 무서운 게 공실이다. 따라서 수요가 넘쳐나는 곳으로 진입해야지 애매한 곳으로 진출하면 어려울 수 있다.

관리비는 어떤 곳은 포함해서 받는 데가 있고 별도로 받는 지역이 있는데, 천안은 따로 받는다. 원룸은 6만 원, 1.5룸은 7만 원. 다가구의 경우에는 임대료를 조금 저렴하게 하고 관리비로 수익을 내는 경우가 많다. 현주 씨의 경우, 임대료만 봤을 때는 보증금과 함께 월세가 6,300만 원에 645만 원. 관리비를 다 거뒀을 때 99만 원 정도. 보험료까지 지출 비용이 45만 원. 그렇다면 54만 원의 수익이 남는다. 월세 645만 원에 54만 원을 더

하면 699만 원.

현주 씨는 총 9억 6천만 원에 낙찰을 받고, 한 달 후에 잔금을 치렀다. 그리고 3개월 만에 한 호수를 빼고 모두 임대를 마쳤다. 추석이 코앞이라 임대 맞추기가 쉽지 않았지만, 입지가 너무 좋아서 수월했다. 시세는 12억 정도. 시세 대비 2억 4천만 원 저렴하게 낙찰받았다.

- 대출 : 7억 9,800만 원(83.5퍼센트)
- 이자 : 5.6퍼센트, 한 달 372만 원
- 보수 비용 : 도배 300만 원. 세탁기 1대 교환, LED로 교체해서 총 보수 비용 365만 원.
- 회수할 보증금 : 6,300만 원
- 총 투자금 : 9억 8,456만 원(순수 투자금 1억 3,200만 원)
- 월수익 : 699만 원 중 이자를 제외한 순소득 327만 원

대출이 좀 더 나왔으면 좋았을 텐데 아쉬운 면이 있다. 만약 가구수가 하나 있고, 대출을 조금 더 받아야 하는 상황이라면 상가가 하나 끼어 있는 상가주택을 공략하는 것도 방법이다. 이런 경우 대출이 조금 더 잘 나오기 때문이다.

별도로 들어간 초기 비용은, 도배비가 300만 원. 세탁기 1대 교환, LED 교체 해서 총비용 365만 원. 물론 내가 사는 집처럼 깨끗하게 해야 하지만 오버할 필요는 없다. 결과적으로 수리 비용이나 지출도 많이 들어가지 않았다.

현주 씨는 이제 남편이 더 이상 배달 일을 하지 않아도 되어서 정말 기쁘다고 했다. 매월 꼬박꼬박 고정적인 수익이 생긴다는 건 현주 씨에겐 그전에는 상상할 수 없었던 꿈만 같은 상황이다. 오랜 꿈을 이루고 가족이 편안하게 생활할 수 있게 되어 정말 감사하다며, 2년이라는 긴 시간 동안 망설이기만 했던 게 정말 후회된다고 했다. 현주 씨는 이제 좀 더 큰 꿈을 그리며 대범하게 미래를 향해 나아가는 중이다.

내 수중에 돈이 1~2억 원 혹은 그보다 훨씬 적은 금액이 나의 전 재산이라면, 이 돈으로 나는 무엇을 해야 할까? 아마 그런 생각을 해 본 사람이 많을 것이다. 새로운 장사를 시작할 수도 있고 주식 등 재테크를 할 수도 있다. 그런데 그 금액이 소액일수록 선택지는 줄어들고, 기대할 수 있는 수익 역시 줄어든다. 다가구를 경매로 낙찰받고 월세 수익을 낸다는 건 매우 안정적인 투자다. 다양한 경험을 해 보면 적은 금액으로 미래를 위한 준비를 안정적으로 할 수 있는 수단이 생각보다 그리 많지 않다는 걸 알게 된다. 바로 이 점이 경매의 가장 큰 매력이다.

사례 6

부동산에 내놓자 마자 8시간 만에 팔린 소형아파트,
행운의 주인공은 투자금 1,200만 원 소액님!

"수중에 쥔 돈이 너무 소액이라… 이것으로도 경매가 가능할
까요?"

명진 씨(가명)는 예전부터 경매에 관심은 있었지만 자금이 너
무 없어서 쉽사리 경매의 문을 두드리지 못했다.

"저도 대출받은 1,200만 원으로 시작해 오늘까지 온걸요."

"정말이요? 그러면 저도… 한번 해 볼 수 있을까요?"

"물론이죠!"

그렇게 인연이 되어 명진 씨는 충주에 있는 아파트를 낙찰받
게 되었다. 이 물건은 임차인이 없고 권리분석이 깔끔하다는 장
점이 있었다. 잘 찾아보면 지방의 아파트 중 소액으로 진행할
수 있는 깔끔한 물건이 꽤 많이 나와 있다. 얼마나 손품(요즘은
온라인으로 검색하므로)을 파느냐에 따라 선택할 수 있는 범위가

달라진다. 내가 쥔 금액이 소액이라고 무조건 포기할 게 아니라, 내가 쥔 돈 안에서 할 수 있는 '최선의 것'이 무엇인지 찾으려는 태도를 갖는 게 무엇보다 중요하다. 명진 씨가 낙찰받은 물건의 정보부터 살펴보자.

[물건 정보]

* 지역 : 충청북도 충주시 칠금동
* 토지 면적 : 8평 / 건물 면적 : 15평(50.49제곱미터) / 실평수 : 20평형
* 감정가 : 8,400만 원
* 유찰 내역 : 유찰 1회
* 최저가 : 6,720만 원
* 낙찰가 : 7,457만 7,777원

아파트 주변에는 중학교·초등학교·고등학교가 있고, 공원, 터미널, 대형 마트도 도보 3분 거리에 있다. 스타벅스, 학원들도 모여 있는 곳이라 입지적으로는 매우 좋다. 아파트 단지들이 모여 있고, 인프라도 좋다 보니 아이들 공부를 시키기에도 좋아서 가족 단위들이 많이 거주할 수 있다. 이 물건을 매도하는 데 들어간 비용은 아래와 같다.

[소요 비용]

* 매도 금액 : 1억 500만 원
* 낙찰가 : 7,457만 7,777원
* 대출 : 5천만 원, 한 달 이자 20만 원
* 초기 투자금 2,700만 원, 월세 1,500만 원/40만 원, 순수 투자금 1,200만 원
* 양도소득세 : 300만 원
* 매도 후 순수익 : 2천만 원

처음 아파트를 보았을 때 사실 좀 놀랐다. 1996년에 준공된 오래된 아파트인데 한 번도 수리한 적이 없어 거부감이 들 정도로 집 상태가 나빴다. 도배도 다 찢어져 있고, 미닫이 형식의 문도 있었다. 명진 씨는 일단 기존의 것을 모두 철거하고 도배와 장판을 새로 했다. 그렇게만 해도 분위기가 확 달라졌다. 여기에 조명으로 포인트를 주고 전체적으로 화이트톤으로 인테리어를 했다. 싱크대와 화장실 역시 신혼부부가 좋아할 만한 스타일로 모두 수리했다.

"단기 매도가 맞을까요?"

명진 씨는 단기 매도를 하려고 했지만, 나는 2년 정도 더 보유해 차익을 보라고 조언했다. 내가 그렇게 조언한 것은 아파트의 미래 가치가 상승하리란 확신도 있었지만, 세금 문제도 있었다. 당시 명진 씨는 양도세 등 세금 문제를 그리 잘 알지 못했는데, 소액일수록 시간을 어느 정도 투자해야 투자금 대비 더 높은 수익을 낼 수 있다.

게다가 공무원인 명진 씨는 매매사업자를 낼 수 없기 때문에, 단기 매도 시 양도세가 70퍼센트나 되어 그만큼 수익이 줄어든다. 그래서 2년을 보유하고 기본 세율로 매도하라고 상담해주었다.

사실 저렴한 아파트는 시기에 상관없이 거래가 잘된다. 적당한 가격이라면 너무 시장에 휘둘리지 않아도 된다. 그렇게 해서 명진 씨는 2년 동안 이 아파트를 보유한 후 매도를 시도했고,

잔금까지 깔끔하게 다 치렀다. 부동산중개업소에 내놓은 지 8시간 만이었다.

물론 소액이라고 해서 아무 물건이나 막 잡아도 된다는 건 아니다. 명진 씨처럼 시간 차를 두어 소액을 투자했어도 어느 정도 수익을 낼 수 있는 방법을 찾아 내 돈을 지켜 내는 게 중요하다. 이렇게 소액으로 할 수 있는 물건을 한두 개 정도 세팅한 후 시간을 두고 기다리면 2천~3천만 원씩 시세차익을 볼 수 있다. 수익이 적은 게 아니냐고 묻는 사람도 있지만, 어떤 재테크 종목에서 이런 소액으로 이 정도의 수익을 낼 수 있을까? 쉽지 않다. 게다가 이런 케이스를 몇 건 만들어서 투자하면 나중에는 큰돈을 만들어 더 큰 물건으로 점핑할 수 있고, 결국 자산이 불어나는 계기를 만들 수 있다.

앞에서도 계속 강조했지만, 경매 초보자는 '한 건 크게 해서 큰돈을 만져 보고 싶다'는 생각부터 해서는 절대 안 된다. 소액이든 좀 더 큰 금액이든 내 상황에 맞게 시작해 일단 성공의 경험을 해 보는 것이 중요하다. 그 경험 속에서 '아~ 경매로 이렇게 돈을 벌 수 있구나!' 하는 것을 알게 되는 것이 1번이다. 그 가능성을 직접 체험한 후 조금씩 자산을 불려서 나중에 더 큰 그림을 그리고 도전하면 부자의 대열에 들어설 수 있다. 어떤 것이든 '안 하는 것'보다는 '하는 것'이 낫고, '그냥 하는 것'보단

'잘하는 것'이 낫다. 경매는 특히 그렇다. 조금씩 자신만의 노하우를 만들어 가며 내공을 쌓다 보면 어느새 경매의 고수가 되어 있을 것이다.

사례 7

55세 평범한 주부, 투자금 3천만 원으로
서울 아파트, 빌라 단기 매도로 1억 원 수익 성공,
간절함으로 승부하다!

영순 씨(가명)는 55세의 평범한 주부다. 나에게 교육을 받는 사람은 매우 다양한 계층들인데, 나는 그중에서도 영순 씨와 같은 평범한 주부들을 많이 응원한다. 나 역시 주부로 경매 투자를 시작했고, 거기에는 많은 용기가 필요하다는 걸 잘 알기 때문이다.

영순 씨는 전남 순천에 사는 분이었는데, 서울에 있는 빌라를 낙찰받아 매도까지 완료해 굉장히 좋은 결과를 냈다. 먼저 첫 번째 낙찰 물건은 서울 마포구에 있는 나홀로 아파트였는데, 3천만 원이라는 소액을 투자해 단기 매도로 8천만 원의 수익을 냈다. 이렇게 불린 8천만 원으로 다시 서울의 빌라를 낙찰받아 추가 수익을 냈다. 영순 씨처럼 투자금이 소액인 경우 투자금이 적다고 그냥 있으면 안 된다. 자꾸자꾸 불려서 더 좋은 물건, 수익이 나는 물건에 도전해야 한다. 그래야 따박따박 월세를 받는 주인이 되고 더 큰 경매 투자에도 도전해 볼 수 있다.

영순 씨가 받은 물건의 정보는 다음과 같다.

[물건 정보]
- 지역 : 서울 강서구 화곡동
- 대지권 : 5.9평 / 건물 면적 : 10.8평
- 감정가 : 3억 1,500만 원
- 유찰 내역 : 유찰 9회
- 최저가 : 2억 160만 원
- 낙찰가 : 2억 7,101만 원

"빌라는 잘 안 팔린다고 하는데, 이런 물건을 낙찰받아도 될까요?" 내 답은 간단하다. "물론, 된다!" 주변과 물건의 컨디션만 꼼꼼히 살펴본다면 얼마든지 가능하다.

이 물건은 동이 4개인 단지형으로 이루어져 있다. 주차차단기까지 설치되어 있어 일단 주차 문제가 없다. 그리고 바로 앞에 남부시장이 있어서 생활권이 좋다. 건물은 2018년식이기 때문에 5~6년 정도 된 아주 깨끗한 준신축 건물이다. 바로 옆 동네가 목동인데 목동은 학군이 좋아서 아이를 키우는 가족 단위가 많다. 목동의 시세가 높게 형성되어 있어, 목동에 거주하기 부담스러운 경우 바로 옆 동네인 화곡동에 거주한다. 목동은 주로 자녀 교육 때문에 선택하게 되는데, 이런 경우 아파트 대체 상품으로 빌라에 실거주를 하게 된다.

이 빌라는 현관문도 자동문으로 설치되어 보안이 잘 되어 있고, CCTV와 엘리베이터도 잘 갖춰 있다. 3층으로 층수도 너무 좋다. 평수가 너무 작으면 실거주자들이 매수하기에 조금 어려운데, 이런 준신축 같은 경우는 10평 이하 9평, 10평 정도가 되더라도 방 3개, 화장실 2개가 충분히 나온다. 빌라는 전용면적이 10.9평이더라도 시각적인 부분과 구조적인 부분이 시세에 반영된다. 수리 비용은 벽지와 도배만 해서 53만 원. 경매 물건에 보면 단지형 다세대라고 해서 방 2, 욕실, 거실, 주방, 드레스룸, 발코니 등 이렇게 명시되어 있는데, 실제로 보면 방이 3개다. 드레스룸이라고 되어 있는데 실은 일반적인 방처럼 이용할 수 있도록 되어 있기 때문이다. 4인 가족이 충분히 거주할 수 있는 그런 형태를 가지고 있다. 이런 빌라의 경우, 수리비가 들어가지 않는다는 것이 너무너무 중요하다.

권리분석을 해 보면 임차인이 대항력이 있는 물건이다. 도시보증공사가 경매신청채권자이며 '임차인 임대차보증금 반환채권을 승계하여 권리신고함'이라고 되어 있다. 현재 임차인은 등재된 임차권 등기를 하고 이사를 한 상태이고, 보증금을 주택도시보증공사에서 이미 내줬다는 뜻이다. 대항력이 있는 물건은 임차인의 보증금을 낙찰자가 인수해야 하는 상황이 있을 수 있다. 그런데 권리분석을 다시 한 번 해 보면 매각물건명세서에 정확하게 명시가 되어 있다. 바로 '특별매각조건'이다. 바로 임차인과 임차권 승계인인 주택도시보증공사가 매수인에 대해 배당받지 못하는 잔액에 대해 임대차 보증금 반환청구권을 포기하고 임차권 등기를 말소한다는 것이다. 결론적으로 대항력을 포기한 물건으로 대항력이 없다고 봐도 되는 것이다.

영순 씨는 경매 공부를 시작하면서, 대항력 포기 물건에 꼭 한번 도전해 보고 싶다는 의지를 밝혔다. 그래서 대항력 포기 물건을 집중적으로 검색했고, 그런 물건을 찾아서 이렇게 좋은 결과를 낸 것이다.

[소요 비용]
- 매매 시세 : 약 3억 4,500만 원
- 매도 금액 : 3억 900만 원(급매가)
- 낙찰가 : 2억 7,101만 원
- 대출 : 70퍼센트, 1억 8,900만 원, 이자 5.9퍼센트
- 취등록세 및 이전 비용 : 380만 원
- 매매 잔금이 들어오기까지 3개월 동안 낸 이자 총액 : 279만 원
- 대출 상환 수수료 : 1백만 원
- 부동산중개료 : 136만 원
- 수리비 : 53만 원
- 개인사업자로 낸 소득세 : 344만 원
- 단기 매도 후 순수익 : 2,507만 원

교통은 5호선 목동과 신정역이 1킬로미터 이내에 있다. 그것이 이 물건의 포인트이다. 아파트 대체 상품으로 실거주자들이 매매할 물건의 조건을 충분히 갖추었다는 뜻이다. 예상대로 이

빌라는 석 달 만에 팔렸다. 빠르게 매도할 수 있었던 이유는 금액도 한몫했다. 영순 씨는 이 물건을 빠르게 매도해 현금화하겠다는 목적이 있었기 때문에 '급매'로 내놓았다. 그렇게 해서 총 3억 900만 원에 매도를 했고, 첫 번째 낙찰받은 아파트와 두 번째 낙찰받은 빌라까지 총 1억 원의 순수익을 낼 수 있었다.

일단 소액으로 투자를 하는 경우, 용기를 내기도 힘들고 걱정부터 앞서는 것이 당연하다. 영순 씨처럼 전업주부의 길을 오래 걸어온 경우, 소액이라 하더라도 '혹시 이 돈으로 내가 가정에 도움이 되기는커녕 오히려 사고만 치면 어떡하지?' 하는 생각을 하기 마련이다. 그러나 영순 씨는 그런 걱정이 무색할 정도로 좋은 결과를 냈다. 처음이 힘들지 한 번만 해 보면 그 매력에 푹 빠지는 게 바로 경매 투자다. 누구라도 성공의 주인공이 될 수 있다. 어떤 일을 하든 100퍼센트 안전한 것은 없고, 처음부터 쉬운 일은 없다는 걸 명심하자.

사례 8

다주택자가 90퍼센트 대출받아
월세 563만 원 버는 건물주 되는 법!

진호 씨(가명)는 첫 번째 다가구 물건을 받기 전에 시행착오가 있었다. 하지만 그 과정에서 포기하기보다는 오히려 모르는 부분을 하나하나 물어 가며 시키는 대로 차근차근 잘해 나갔다. 특히 진호 씨는 소득이 잡히지 않았기 때문에 대출이 걱정이었지만 잘 헤쳐 나갔다. 조급하게 빨리 낙찰을 받기보다 차근차근 '정확하게' 공부해서 '정확하게' 낙찰을 받아야 '정확하게' 돈을 벌 수 있다.

다음은 진호 씨가 두 번째로 낙찰받은 다가구 물건이다. 정보를 살펴보자.

물건의 위치는 군산의 가장 서쪽이다. 그런데 동쪽으로 갈수록 시세가 높아진다. 일반 매물로 다가구 물건을 매입하는 경우에는 10억 이하가 거의 없다. 낙찰가도 7~8억 원대까지 형성되어 있어 소액투자자들이 접근하기가 쉽지 않다. 그래서 저평가되어 있지만 시세가 좀 낮은 곳, 바로 이곳을 본 것이다. 내가봤을 때도 물건이 나쁘지 않았다. 이 지역에 꼭 거주해야 하는 사람이 있을 테고, 그런 경우 이 물건은 굉장히 좋은 경우에 해당하기 때문이다.

입지는 바로 옆에 초등학교, 중학교가 가까이 붙어 있다. 다주택 단지로 형성되어 있고, 위쪽으로는 아파트 단지가 형성되어 있는데 아파트가 많지는 않다. 서쪽으로 가면 군산일반산업단지가 가까이에 있다. 이 단지에 근무하는 분들도 수요층이 될수 있고, 남쪽으로는 군산대학교가 있어서 대학생 수요도 있을수 있다.

물건은 18가구로 구성되어 있다.

- 원룸 12개(보증금 200만 원/월세 25만 원)
- 1.5룸 1개(보증금 200만 원/월세 30만 원)
- 2룸 5개(보증금 300만 원/월세 45만 원)
  → 총 보증금 4,100만 원/월세 555만 원

2010년도 물건이라서 꽤 연차가 되었는데도 깨끗해서 전혀 문제가 없다. 하지만 물건만 좋으면 안 된다. 권리분석에 문제가 없어야 한다. 살펴보면, 말소 기준일 2010.10.8. 임차인 한 명 한 명의 전입일자와 비교해서 전입일자가 말소 기준 권리보다 빠르면 대항력이 있고, 늦으면 대항력이 없다. 그걸 비교하면서 대항력 유무를 판단해야 한다. 쭉 보니까 대항력이 없다. 여기서 조심해야 할 건, 다가구 물건 중에서 경매 물건에는 임차인이 대항력이 없다고 기재되어 있는데 전입일자가 '미상'일 수 있다는 것이다. 그런 경우에는 대항력이 없는 게 아니라, 전입일자가 확인이 안 됐으니 입찰자들이 잘 확인하고 입찰하라는 뜻으로 해석해야 한다. 만약에 낙찰을 받았는데 임차인의 전입일자가 뿅 하고 튀어나오면 낙찰자가 인수해야 하기 때문에 골치 아픈 상황이 벌어질 수가 있다.

"전입일이 미상이고 확인이 안 됐으면 점유하고 있지 않은 것이기 때문에 대항력이 인정되지 않잖아요?"라고 물으면, "전입한 날짜는 확인되지만 전출한 날짜는 확인할 수 없다. 그런데 만약 배당요구 종기일까지 점유하고 있었다면 인정을 해 준다."라고 답할 수 있다. 전출을 배당요구종기일(압류 효력이 생긴 때부터 1주일)이 지나서 했을 수도 있고 안 했을 수도 있지만, 그것을 증명할 수가 없는 것이다. 그러면 결국 이를 증명하기 위해 소송까지 가야 하고, 복잡하고 어려운 상황이 생길 수 있다. 이 부분을 잘 알고 있어야 한다.

건물등기를 보자. 말소기준등기일 이후에 '가처분'이라는 글자가 있으면 위험하다. 가처분이 있는지 반드시 살펴보자. 토지등기도 봐야 한다. 가처분이 있으면 여기 '소멸'이라고 되어 있어도 본소송으로 가면 진다. 그러면 나의 모든 권리를 빼앗길 수 있기 때문에 가처분을 조심해야 한다. 건축물대장도 살펴보자. 18가구. 가구수가 많은 것은 매력적이다. 수익률이 매우 좋겠다는 생각이 든다. 경매 물건 첫 페이지에서 옆 면적 건물 면적을 살펴봤는데, 625.8제곱미터로 660제곱미터 이하이기 때문에 문제가 없다. 항상 건축물대장을 우선적으로 살펴봐야 한다.

이렇게 해서 전체 투자 내역을 살펴보자.

[소요 비용]

- 매매 시세 : 약 7억 원
- 낙찰가 : 5억 100만 원(감정가 대비 58.71퍼센트)
- 대출 : 90퍼센트, 4억 5,090만, 이자 5.9퍼센트, 222만 원
- 초기비용 : 9,770만 원
- 회수할 보증금 : 4,200만 원
- 총 투자금 : 9,770만원(순 투자금 5,670만 원)
- 취등록세 : 8.8퍼센트, 4,448만 원
- 취등록세 및 법무사 수수료 : 9.5퍼센트, 4,760만 원
- 월수익 : 555만 원 중 이자를 제외한 나머지 순수익 333만 원

진호 씨가 90퍼센트까지 대출을 받을 수 있었던 건 신탁대출을 이용했기 때문이다. 신탁대출은 은행에서 받는 근저당대출과는 달리 방 공제를 하지 않는다. 다가구 물건은 방 호수가 많은데, 이건 18가구나 되기 때문에 방 공제를 하다 보면 거의 대출 금액이 안 나올 수 있다. 그런데 신탁대출은 방 공제를 하지 않고 대출해 주기 때문에 대출 비율이 굉장히 높다. 게다가 감정가 대비 낙찰가격이 낮았기 때문에 90퍼센트까지 아주 잘 나왔다.

진호 씨는 첫 번째 낙찰받은 다가구에서 230만 원, 두 번째 낙찰받은 이 다가구 물건에서 333만 원의 수익을 내어 월 563만 원이라는 순소득을 얻게 되었다. 이렇게 2개의 주택을 보유한 다주택자로서 세 번째 경매에 도전했고, 취등록세 8.8퍼센트를 냈지만 수익률 70퍼센트 이상을 다시 만들어 냈다.

경매의 장점을 잘 활용해 안정적인 수익을 올리는 경험을 한 진호 씨는 자투리 투자금으로 현재는 지분경매, 상가 투자에 관심을 갖고 열심히 공부하고 있다. 보통 다주택자가 되면 "더는 할 수 없겠죠?" 하며 웅크리거나 안주하는데 그러지 않아도 된다. 금리가 많이 떨어지지 않은 시기에 수익형 부동산으로 다가구 물건을 낙찰받아, 금리가 많이 떨어졌을 때 타이밍을 잘 맞춰서 매도한다면, 꾸준히 월세를 받다가 나중에 시세차익까지 노리는 결과를 낼 수 있다. 생각보다 이런 사례는 많다. 월세의 꽃 다가구, 용기 내어 도전하길 바란다.

61세 경매 왕초보, 월세 1,000만 원 받아
벤츠 타는 다가구 건물주로 노후 준비 끝!

　　예진 씨(가명)가 경매를 배우게 된 계기가 있었다. 상가주택을 하나 가지고 있었는데 부동산 가격이 오르기 전에 너무 싸게 파는 바람에 임대소득이 없어졌다. 나이가 있다 보니 안정적인 월소득이 필요해 경매를 해 보자고 결심하게 되었고, 여러 학원을 비교하다 '평생회원제'를 약속하는 나의 유튜브 채널을 보고 등록하게 된 것이다. 1년 정도 공부하면서 여러 번 입찰을 시도했는데 계속 패찰의 고배를 마셔야 했다. 물론 패찰된다고 해서 금전적 손해를 보는 게 아니기 때문에 예진 씨는 경매를 알아가는 과정이라 생각하고 계속해서 도전했다. 그러다 서울의 고시원 물건이 수익률이 좋다는 얘기를 듣고 도전하게 되었다.

　　초보 경매자들은 물건을 낙찰받기 전에도 힘들지만, 낙찰받고 나서도 멘탈이 무너지는 경우가 많다. 특히 세입자들과의 관계를 정리하는 과정을 몹시 두려워한다. 하지만 세입자들도 이미 많은 정보를 가지고 있다. 결국 나가야 하는 상황임을 인지하고 있기 때문에 서로 매너 있게 소통하다 보면 얼마든지 원만하게 해결할 수 있으니 너무 걱정하지 않아도 된다. 내가 아는 사례들만 해도 대부분 원활하게 명도가 이루어졌다.

이제 예진 씨가 받은 물건의 정보를 살펴보자.

[물건 정보]
- 지역 : 서울 관악구 신림동
- 토지 면적 : 68평 / 건물 면적 : 147.95평
- 감정가 : 17억 5,253만 2천 원
- 입찰 내역 : 유찰 2회
- 최저가 : 11억 2,162만 1천 원(감정가 대비 64퍼센트)
- 낙찰가 : 12억 6,777만 7천 원

서울 다가구 건물이나 2종 근린생활시설, 이런 것들이 나오는 경매 물건을 살펴보면 대지면적이 68평인 것이 많지 않다. 이 물건은 대지면적이 넓은 편이다. 12년 차가 됐는데 건물 관리가 너무 잘 되어 있다. 해가 잘 들어서 건물이 훤하다. 이 건물은 다가구 건물이 아니다. 사실은 용도가 2종 근린생활시설이기 때문에 주택 수에 포함되지 않는다. 그래서 무주택자도 가능하고, 1주택, 다주택자도 취등록세가 중과되지 않고 추가 등록되는 물건이다.

수익형 부동산은 입지가 중요하고, 수요가 너무 중요하다. 관

악구 신림동 같은 경우는 20대 후반에서 30대 초반의 직장인 수요가 굉장히 풍부한 곳이다. 그래서 이왕이면 깨끗하고 쾌적한 환경에서 거주하고 싶어 한다. 실제로 이 건물은 한 달 만에 임대가 찼다. 지방 다가구 물건을 기준으로 삼으면 안 된다. 여기는 서울이다. 일부는 학생 수요도 있었다. 고시원으로 되어 있어서 다가구 건물로 수익을 내고 싶다, 현금을 만들고 싶다면 굉장히 투자하기 좋은 물건이다.

원룸 24개(총 보증금 4천만 원/월세 1,062만 원)

방은 24개. 모든 구성은 원룸으로 되어 있다. 임대료는 35~52만 원까지 제각각이다. 지하는 저렴하고, 방 크기에 따라 가격이 다르기 때문이다. 기존 옵션 중에 에어컨, 냉장고, 전자레인지는 그대로 두고, 나머지 장과 책상 같은 것은 다시 바꿨다. 욕실 액세서리, 도배, 수도도 새로 했다. 옵션이 거창하지는 않아도 깔끔해서 쾌적한 환경이다.

[소요 비용]
* 시세 : 16억 원 이상
* 낙찰가 : 12억 6,777만 7천 원
* 대출 : 80퍼센트, 10억 1,400만 원.퍼센트 447만 원
* 비용 : 4억 원

예진 씨는 이 물건을 12억 67,777,000원에 낙찰받았다. 아주 좋은 물건을 아주 좋은 가격으로 낙찰받았다. 그냥 액수만 본다면, 금액이 10억이 넘네, 나는 못 해, 그렇게 생각할 수 있는데 절대 그렇지 않다. 하나씩 꼼꼼하게 따져서 현실적으로 살펴보면 절대 못 할 것이 없다. 지금 가진 돈이 없다면 정확하게 목표를 세우고 그 목표를 향해서 꾸준하게 나가면 된다. 내가 그 산증인이 아닌가.

수익을 보면 1,062만 원의 월세에서 매달 은행에 대출이자 447만 원을 내야 하니 순소득은 615만 원 정도 된다. 관리비는 별도인데, 관리비를 받아서 여러 가지 비용을 내고도 남는다. 그러면 650만 원 정도 된다. 세입자들이 다시 나가고 들어가고 한 바퀴 돌아가면 월세를 충분히 더 높이 받을 수 있어서 순소득 700만 원까지는 찍을 수 있는 물건이다.

수리 부분에 대해 잠깐 얘기하자면, 예진 씨는 낙찰받은 건물의 주변 다른 좋은 케이스의 물건들을 많이 구경했다. 일단 공실을 없애는 것이 목적이라서, 수리해야 할 부분의 목록을 작성하고 가구 등에 과감히 돈을 들였다. 이렇게 해야 임대도 빨리 맞추고, 매도해야 할 타이밍이 올 때 더 큰 수익을 낼 수 있다.

그렇게 총 4억 원의 투자금이 들어갔다. 초기 투자금 4억 원이면 서울 다가구 건물에 투자할 수 있다. 대출을 80퍼센트 받았는데, 대출을 좀 더 활용했다면 투자금을 반으로 줄일 수 있었을 것이다. 대출은 많이 활용할수록 레버리지 효과도 크다.

내 생각에, 경매의 첫 번째는 "내 그릇에 맞는 물건부터 시작한다"이다. 소액이라고 걱정부터 앞서서 도전하지 못하는 것도 바람직하지 않고, 첫술에 배부르고 싶어서 경험도 없는데 큰 금액을 끌어다가 무리하게 시작하는 것도 좋지 않다. 두려운 마음을 한 번에 내려놓기는 힘들다. 그럴 때는 자신의 두려움만큼, 자기 그릇에 맞게 도전하면 된다. 건물주가 되어 벤츠를 타면서 노후 준비를 끝내는 게 목표라면서, 5년 후에도 10년 후에도 신세 한탄만 한다면 무슨 소용이 있겠는가. 지금 당장, 작은 도전이라도 시작하는 게 백 번 낫다.

지금 잘나가는 모든 경매 투자자들에게도 다 그런 처음이 있었다는 걸 잊지 말고, 지금 가슴속 그 간절함을 실행으로 옮기는 멋진 투자자가 되기를 응원한다!

궁금한 건 경매 초일타 전문가

세연쌤에게
반드시 물어보기

합리적인 투자는 두 가지 간단한 규칙을 따르는 것이다.
1. 중요한 것은 잃지 않는 것이다.
2. 규칙 1을 위반하지 않는다.

| 찰리 멍거(Charles Thomas Munger)_
미국의 억만장자이자 사업가

다주택자가 경매를 할 수 있을까요?

강의를 오랫동안 하면서 교육생들과 일대일 상담을 하다 보니, 사람들의 고민이 무엇인지 세세하게 아는 편이다. 사람들이 가장 많이 하는 고민 중 하나가 다주택자도 경매로 낙찰을 받고 대출을 받을 수 있을까?이다. 무엇보다 취득세 부분을 많이 걱정한다. 다주택자의 경우에 3주택부터는 8퍼센트, 4주택부터는 12퍼센트 중과되어 부담이 커진다. 그러면 주택이 아닌 다른 비주택으로 접근하면 될 텐데, 그래도 주택이 제일 쉽다 보니 다른 것에 눈을 돌리기가 쉽지 않다. 그렇다면 다주택자는 어떤 방법으로 경매에 도전할 수 있을까?

첫째, 취득세 중과를 피해 소액으로 투자하기

공시가격 1억 원 이하의 소액 아파트는 낙팔낙팔로 수익을 낼 수 있다.

공시가격 1억 이하의 주택은 여러 채를 취득하더라도 취득세 부분에서 주택 수에 포함되지 않으므로 취득세 1퍼센트만 내면 된다.

둘째, 대항력이 있는 임차인의 미상 보증금 또는 세금 체납 금액을 확인하여 수익이 나는 물건을 공략한다.

취득세가 무서워 투자를 못 한다면, 취득세 8퍼센트 혹은 12퍼센트가 중과되더라도 그 이상 수익이 나는 물건을 공략하면 된다. 실제로 교육생 중 한 명은 경기도 고양시에 있는 물건 하나를 이렇게 낙찰받아 수익을 낸 사례가 있다. 그는 현재 시세가 아닌 유찰이 된 상태에서 현재 형성된 시세보다 훨씬 저렴하게 낙찰을 받아 수익을 낼 수 있었다. 만약 그 물건에 대항력이 있고 보증금 미상이 아닌 안전한 물건이었다면 경쟁도 심하고, 낙찰가도 높았을 것이다. 교육생은 다주택자임에도 이 물건을 낙찰받아 최종적으로 세후 1,800만 원의 수익을 냈다.

셋째, 지분경매로 시세 대비 낮은 금액으로 낙찰받아 공유자와 협의한다.

세 번째는 지분경매로 들어가는 방법이다. '지분경매'란 말 그대로 물건 전체가 아닌 일부를 낙찰받는 것이다. 교육생 중 한 명은 다주택 보유자에 이미 가족 명의까지 다 사용한 터라 경매를 하고 싶어도 할 수 없는 상황이었다. 고민을 하기에 지분경매에 대한 팁을 주었고, 성공적으로 낙찰을 받을 수 있었다.

서울 광진구에 있는 연립주택을 받았는데, 감정가격이 2억 원에 가까웠지만, 지분경매는 지분 비율이 1/2, 1/4, 1/10, 13/72 등으로 다양하게 나와 형편에 맞게 받을 수 있었다. 지분경매의 경우, 공유자들에게 우선순위를 주는 '공유자우선매수청구권'이라는 게 있다. 법원에 가서 내가 낙찰가를 써서 낙찰을 받았다 하더라고 집행관이 "최고가 매수인 김세연 공유자 우선 매수 청구권 행사하실 분 있으신가요?" 했을 때 해당 물건에 대한 공유자가 입찰장에 와서 손을 번쩍 들고 공유자 우선 매수 청구권을 행사하겠다고 하면 낙찰자 김세연이 쓴 낙찰가 그대로 공유자한테 우선권이 주어지게 된다. 공유자는 그 금액으로 그냥 가져간다.

다행히 이 물건은 공유자가 입찰장에 오지 않았다. 지분경매 투자 전략은 반드시 공유자가 필요로 하는 물건이어야 하고, 협의가 가능한 물건이어야 한다. 그럴 때에는 등기부등본을 보면서 가족 간 공유자인지부터 확인한다. 남이거나 상관이 없는 사람이면 협의하기가 힘들다. 공유자가 가족인 경우, 그리고 그 지분이 증여됐다거나 상속됐다거나, 공유자들끼리 변동이 있다거나, 매매로 샀다거나, 공유자 누군가의 물건이 압류가 걸려 있거나, 근저당 설정이 있는 물건을 다른 공유자가 매매로 소유권을 이전하고 압류나 가압류를 말소한 경우들이 협의가 빠르게 진행되는 물건이라 할 수 있다. 지분경매를 할 때는 이 부분을 잘 살펴보아야 한다.

넷째, 용도를 살펴보고 취득세가 중과되지 않는 물건을 낙찰받는다.

고시원이나 근린생활시설 등 주택 수에 포함되지 않는 용도의 물건이 있다. 이런 경우 취득세 4.6퍼센트를 적용받으면서 취득세는 중과되지 않기 때문에 수익을 낼 수 있다.

다섯째, 법인사업자를 내어 법인 명의로 낙찰받는다.

앞에서 '법인사업자'로 낙찰받을 때의 장단점을 살펴보았다. 법인은 무엇보다 내 명의로 받지 않고, 내 자산으로 잡히지 않기 때문에 취득세 중과를 면할 수 있다.

나를 포함해 경매를 꾸준히 하는 사람들은 대부분 다주택자다. 그들 중에는 과감하게 자신의 상황을 돌파할 방법을 찾아 시도하는 사람이 있고, 고민만 하다가 포기하는 경우도 있다. 경매 초보인데도 본의 아니게 본인 명의의 주택이 있어서 어려워하는 경우도 있다. 하지만 방법은 찾는 사람에게만 보이는 법이다. 다주택자의 경우, 아파트는 지분경매 외에 일반 물건으로 수익을 내기는 쉽지 않다. 하지만 서울 빌라 물건은 대항력 있는 임차인이 있는 물건을 중심으로 전략을 잘 짜서 조사하면 반드시 12퍼센트 취득세를 적용하고도 수익이 나는 물건을 찾을 수 있다. 또, 법인사업자를 이용해 세금을 줄일 수도 있다.

가장 큰 위험은 위험이 없는 삶이다. 아무것도 하지 않으면 위험할 일이 없다. '아무것도 하지 않으면서' 삶이 바뀌기를 기대해선 안 된다. 위대한 업적을 이루고 꿈에 도달하는 사람은 도전에 따르는 위험을 대범하게 감수하는 사람이다.

경매는 언제 시작하는 게 좋을까요?
은퇴 후? 사회초년생?

이 질문에 대한 대답은 너무나 간단하다. 바로 '하루라도 빨리 시작해야 한다'이다. 시간은 금이고, 하루라도 빨리 시작한 사람이 더 빨리 돈을 벌기 때문이다.

경매로 수익을 내는 사람들은 특별한 재주가 있다거나 더 똑똑해서 그런 게 아니다. 다른 사람보다 조금 더 빨리 시작했고, 꾸준히 했다는 것이 그들의 공통점이다. 나는 벌써 16년이 넘어가지만, 나보다 먼저 시작한 사람은 나보다 훨씬 더 많은 돈을 벌고 있을 것이다. 물론, 올바른 방법으로 제대로 된 노력을 한다면 말이다. 내 교육을 받은 사람 중에는 1년 전에 시작했는데 속도가 점점 빨라지며 무섭게 돈을 버는 사람들도 있다. 등록은 같은 시기에 했는데 계속 상담만 하고 시작을 못 하는 사람과 비교하면 하늘과 땅 차이이다. 두 경우를 보며 참 많은 것을 느꼈다.

단순히 한 건을 낙찰받았다 낙찰받지 못했다는 이야기를 하려는 게 아니다. 빨리 시작한 사람은 다양한 경험을 하면서 자신만의 노하우를 더 빨리 찾는다. 그걸로 돈을 벌기 시작하고 그게 반복되면 반드시 가속도가 붙는다. "저는 시간이 없어서요."라고 말하는 사람이 많지만, 간절함을 갖고 경매를 하기 위해 나를 찾아오는 사람 중에 한가하거나 바쁘지 않은 사람은 단한 명도 없다. 고민은 '신중'을 위해 반드시 필요하지만, 어느 이상이 되면 시간만 흘려보내는 일이 된다. 그래서 나는 '돈이 되지 않는 고민'은 적당히 해야 한다고 강조한다. 계속 이야기했지만, 급여가 오르는 속도는 우리가 삶의 질을 높이는 속도를 따라잡을 수 없다. 경제적 자유를 누리고자 한다면 반드시 그 방법을 찾아야 한다. 시간이 금이라면, 시작이 늦을수록 손해다.

경매, 컴퓨터 못해도 할 수 있나요?

아주 단순한 질문이지만, 의외로 자주 받는 질문이기도 한 게 바로 "컴퓨터를 잘 못 다루는데 어쩌죠?"라는 것이다. 나이가 좀 있거나 컴퓨터를 별로 다뤄 보지 않은 삶을 살아온 경우, 당연히 이런 걱정이 앞설 수 있다. 그래도 이런 질문을 하는 사람은 용기가 있는 사람이다. 아예 처음부터 엄두를 못 내고, 하다못해 문의조차 하지 않는 경우도 많다. 컴퓨터로 무언가를 조작해야 하고, 어려운 문서를 보아야 하고, 마우스로 이것저것 클릭해 가며 공부를 해야 한다는 사실이 엄두가 안 나는 것이다.

그런데 경매에서 컴퓨터를 가장 많이 사용하는 용도는 검색과 지도 보는 것 정도다. 내가 교육을 하는 대상은 남녀노소가 따로 없다. 20대 초반부터 70대까지 연령이 매우 다양하다. 직종도 매우 다양한 사람들이 찾아온다. 그들 중에는 컴퓨터를 잘 다루는 사람도 있고 아닌 사람도 있다. 그러나 그것이 경매를 잘하느냐 못하느냐를 결정 짓지는 않는다. 그래서 나는 컴퓨터를 켜는 방법부터 알려 준다. "전원을 켜세요."라는 말로만 끝내지 않는다. 실제로 어떻게 마우스를 누르는지 눈으로 배우고 몸으로 익히게 한다. 전원을 켜고, 마우스를 다루고, 화면을 보고, 클릭을 해 가면서 직접 배워 가는 것이다. 처음엔 생소하고 어렵지만 금방 익숙해진다. 다른 사람과 섞여 공부해야 하는데 본인이 수업에 방해가 되거나 어색할 수 있다고 생각하는 사람도 있다. 그럴 때는 수업 10분 전에 미리 오라고 이야기한다. 10분 동안 따로 차근차근 설명해 주면 얼마든지 남들처럼 배울 수 있기 때문이다. 그 정도로 쉽다는 뜻이다.

어떤 분야든, 기계든, 도구든 처음부터 아는 사람은 없다. 배우고, 반복하면서 익숙해지는 과정을 거쳐야 한다. 그 도전을 부끄러워하면 아무것도 못 한다. 안 해 봤기에 어렵게 느껴질 뿐, 한 번만 해 보면 '아는 것'이 된다. 그 앎의 과정을 즐겨 나가길 바란다.

경매 공부,
어디까지 얼마나 해야 할까요?

"저는 대학교에 다니지 않았어요. 부동산 공부는 어렵다던데, 제가 할 수 있을까요?"

"저는 암기를 잘 못 해요. 이것저것 외워야 한다면 절대 못할 것 같아요."

"본업 때문에 시간이 없어서 별도로 공부할 시간을 내기가 힘들어요. 가능할까요?"

"경매는 공부할 게 엄청 많다던데, 그러면 실전까지 가기도 전에 지치는 거 아닌가요?"

경매는 정말 '공부'에 대한 이슈가 많다. 무조건 많이 알고, 외우고, 배워야만 할 수 있는 게 경매라고 생각하기 때문이다. 물론 많이 알고, 배우는 게 나쁠 리 없다. 나도 처음 시작할 때는 잔뜩 겁을 먹기도 했고, 또 일단 정확히 알아야 더 잘할 수 있다는 생각에 정말 열심히 공부했다. 특히 권리분석 공부는 남들보다 훨씬 많이 한 것 같다. 그런데 지나고 보니 큰 의미가 있었을까 하는 생각이 든다. 경매는 권리분석, 시세분석, 지역분석 개념만 이해하면 충분히 실전으로 넘어갈 수 있는데, 다른 것들까지 다 세세하게 알아야 한다고 잘못 생각하는 경우가 많다. 정말 그렇게까지 해야 한다면 누가 경매에 도전할 수 있을까? 아마 지금 경매로 부자가 된 사람들은 대부분 그렇지 않다는 걸 알고 있을 것이다.

경매에 가장 필요 없는 것이 학벌, 나이, 암기력, 좋은 머리다. 오히려 뭘 좀 안다는 사람들이 더 더디고, 헤매는 경우가 많다. 그래서 나는 하얀 도화지처럼 아무것도 모르는 상태에서 오는 사람들을 더욱 환영한다. 마치 어린아이가 글을 배우듯이 내가 알려 주는 것들을 스펀지처럼 쭉쭉 자기 것으로 만들기 때문이다.

그리고 경매 공부는 범위가 없다. 달달 외워서 시험을 봐야 하는 게 아니기 때문이다. 오히려 현장 경험을 통해 실전으로 배우는 게 훨씬 많다. 자전거를 타기 전에 책을 보고 달달 외우지 않듯이 말이다. 자전거는 직접 자전거 위에 앉아 페달을 밟아 보고 핸들을 조작해 보면서 알게 된다. 이렇게 하면 넘어지고, 이렇게 하면 이쪽으로 가게 되는구나 하는 것을. 그전에 무엇이 핸들이고, 무엇이 바퀴이며, 어떻게 앉아야 하는지, 어떻게 앞으로 나아가는지 등의 기본적인 것만 배우고 시작한다. 그런 다음 자전거에 올라 핸들을 잡고 앞으로 가 본다. 물론 처음엔 넘어지기도 하지만, 한번 제대로 방법을 터득하면 그 방법을 절대 잊어버리지 않는다. 여러 번 반복해서 운동장도 가고, 좁은

길도 가고, 산길도 가다 보면 더 잘 운전하는 방법을 터득하게 된다. 어떤 길에서 어떻게 조작해야 더 안전한지도 자연스럽게 깨우치게 된다.

경매는 실전이 중요하다. 감각을 키우고 경험을 쌓으며 노하우를 터득하는 재테크다. 그 과정에서 내 자산은 불어나고 우리가 꿈꾸는 경제적 자유를 누릴 수 있다. 그러니 공부에 대한 두려움이나 부담감은 접어 두고 일단 자전거에 올라타서 페달을 밟아 보기를 바란다. 경매는 많이 '아는' 사람이 아니라 많이 '경험한' 사람이 이기는 게임임을 기억하기를 바란다.

투자자들은
왜 대출을 많이 받으려고 하는 걸까요?

"나는 평생 누구한테 동전 한 잎 빌려 본 적이 없어요. 그런데 이렇게 큰돈을 은행에서 빌려야 하다니 너무 무서워요."

이런 고민, 당연하다. 나도 부모님에게 그렇게 배웠다. "절대 빚지고 살면 안 된다." 그런데 그 당시에는 농사가 주업인 사회에서 대부분이 소작농을 하며 살았기에 빚을 지게 되면 고리대금을 물어야 했고, 그러다 보면 집이 망하기 때문에 빚을 지면 안 된다고 강조했다. 하지만 지금은 자본주의 시대가 아닌가? 내가 버는 돈 안에서 해야 한다면 사실상 투자는 불가능하다. 그래서 부자들은 '레버리지'를 강조한다. 돈이 돈을 만드는 원리를 이용하려면, 일단 돈이 있어야 한다. 내가 가진 것이 없다면 대출밖에는 답이 없다. 그리고 이를 잘 활용하면 상상할 수 없는 레버리지 효과로 자산을 불리고, 효율적으로 대출을 활용할 수 있게 된다.

보통 대출 때문에 힘들어졌다고 하는 경우는 대출을 받아 개인적인 용도로 사용하기 때문이다. 대출은 나무를 심기 위해 필요한 돈이다. 즉, 돈이 되는 나무를 심는 것이다. 나무가 열매를 맺으려면 물도 주고 비료도 주어야 한다. 그것이 이자라고 생각하면 된다. 그렇게 쭉 나무를 잘 관리하면 언젠가 열매가 주렁주렁 열린다. 나는 그 열매를 계속 따 먹으면 된다. 대출은 이 열매를 위해 필요한 자금과 같은 것이다.

그런데 부동산투자를 하려고 대출을 해서 빚만 남았다고 하는 경우가 있다. 그런 사람들을 보면 대부분 갭투자를 한 경우다. 갭투자는 내 돈을 묶어 놔야 한다. 나오는 것도, 들어가는 것도 없다. 갭투자를 지속적으로 하려면 계속해서 큰돈이 필요하다. 하지만 경매는 다르다. 갭투자로 5천만 원을 묶는 대신에 경매로는 2천만 원만 묶으면 된다. 그래서 나는 갭투자보다 경매가 훨씬 매력적이라고 이야기한다. 특히 소액으로 할 때는 더욱 그렇다.

"그러면 마이너스대출을 받아서 하는 게 안전할까요?"
"경락잔금대출, 진짜 괜찮을까요?"

중요한 건 소액이기 때문에 더 안전하다는 사실이다. 소액으로 투자하는 사람들은 '돈이 많은 사람들은 대출하지 않겠지?'라고 생각하지만, 절대 그렇지 않다. 오히려 대출 레버리지를 이용해 수익률을 높이며 계속해서 자산을 불려 나간다.

그래서 나는 정말 궁금하다면 방법은 직접 '해 보는' 수밖에 없다고 이야기한다. 불안한 건 직접 부딪쳐 보기 전까지는 아무리 "괜찮다"고 이야기해 주어도 마음으로 다가오지 않는다. 경험해 본 후에 확실한 답을 찾는 게 정답이다. 단, 한 번에 많은 투자를 하지 말고 소액으로 가능한 물건을 찾아 대출을 끼고 수익을 내 보는 것이다. 그것이 가장 리스크도 적고, 투자 대비 수익도 많이 내는 방법이다.

경매 투자로 돈을 벌어 본 사람들은 대출에 대한 두려움이 없음은 물론, 대출을 최대한 많이 활용하려고 한다. 대출을 받아 레버리지효과가 극대화될 때 자산이 불어나는 속도도 가속도가 붙는다는 걸 알기 때문이다. 대출에 대한 두려움이 있다면 소액으로 직접 경험해 보길 바란다. 아마 몇 번만 해 보면 오히려 대출을 활용할 수 없는 순간이 더 답답한 시간이 올 것이다.

첫 낙찰 물건,
어떤 걸로 하는 게 좋을까요?

수학을 잘하는 사람들의 공통점이 있다. 쉬운 문제보다는 어려운 문제 풀이를 더 좋아한다는 사실이다. 그들은 같은 내용을 배우더라도 조금 더 어려운 문제에 먼저 도전한다. 진짜 어려운 문제, 최고난이도의 문제를 어떻게든 풀고 나면 다른 문제는 너무나 쉬워진다.

경매를 할 때 '첫 물건을 무엇으로 해야 할까?' 고민하게 된다. 나는 "센 물건, 아주 어려운 물건을 받으세요."라고 조언한다. 명도, 수리, 임대 등 여러 요소에서 꼬여 있고, 어렵고, 복잡한 문제를 풀어야 하는 그런 물건 말이다. 물론 그렇다고 권리분석상 문제가 있거나 유치권이 있고, 위반 건축물이고, 지분경매인 물건을 하라는 뜻이 아니다. 낙찰받은 후에 풀어야 할 게 많은 그런 물건을 받으라는 뜻이다.

"처음인데 가능한 한 쉬운 걸 해야 하는 거 아니에요?"

그렇게 물을 수 있다. 하지만 이미 눈치챘을 것이다. 경매도 수학 문제 풀 듯이 접근해 보자고 제안하는 것이다. 어려운 물건으로 경매를 배우고 나면 그다음 건들은 모두 수월하게 느껴진다. 경매는 이런저런 이유로 포기하는 경우가 많다. 수포자(수학 포기자)처럼 조금만 어려운 문제에 부딪히면 "나는 안 돼." "못하겠어." 하며 놓아 버리기 일쑤다. 반면에 꾸준히 하는 사람들은 처음에 몇 번 어려운 물건들을 접하면서 그 상황을 극복해 내는 경우가 많다. 명도가 잘 안 되어 마음의 상처를 입기도 하고, 괜찮아 보였는데 집 상태가 좋지 않아서 누수, 균열, 곰팡이 등을 수리하고 처리하느라 고생하기도 하면서 아주 센 경험을 한다. 이것을 한두 번 이겨 내는 경험을 하면서 "생각보다 재미있구나." "돈 버는 게 그렇게 어렵지 않네." "이런 과정도 경험해 보네." 생각하게 된다.

처음이기에 당황스럽고 힘들 수 있지만, 모르면 찾아보고 물어보고 한 발 한 발 나아가면 된다. 첫 낙찰은 설레기도 하지만 두려움이 앞선다. 이 책을 읽는 사람들은 '경포자(경매를 포기한 사람)'가 아니라, 오히려 어려운 경험을 통해 내공을 쌓고 지속적으로 부를 쌓아 가는 승리자가 되기를 바란다.

낙찰 후 왜 대금 미납을 하는 걸까?
그런 물건은 안전한 걸까요?

물건은 괜찮아 보이고 멀쩡한데, 왜 기존 낙찰자는 미납을 한 걸까? 두 번씩 미납이 된 물건에는 다양한 이유들이 있을 것이다. 그 진짜 이유는 당사자들만 알겠지만, 예측해 볼 수 있는 경우의 수가 몇 가지 있다.

첫째, 임차인이 대항력이 있어 배당금을 받아가야 하는데 낙찰금에서 받아가지 않는다.

그래서 낙찰받은 사람이 물어 줘야 하는 것이다. 낙찰가가 1억 원이고 보증금이 5천만 원이라면, 1억 원의 낙찰가를 내고 보증금 5천만 원을 따로 내야 한다. 이렇게 총 1억 5천만 원이 들어가야 하는데, 권리분석을 제대로 하지 못하고 '1억 원이네? 싸다.'라고 생각하고 들어갔다가 예상치 못한 금액에 손을 드는 경우가 있다.

둘째, 대출이 안 나온다.

모든 지역은 조정대상지역과 비규제지역으로 나뉘어 있는데, 지역마다 대출이 나오는 한도가 다르다. 이걸 모른 채 모두 비규제지역이라 생각하고 '당연히 경락잔금대출이 나오겠지.' 하고 들어갔는데 아닌 것이다. 준비된 자본금이 부족하니 미납을 하게 되고, 그러다 보니 보증금도 날리게 된다. 대금을 미납하면 먼저 낸 보증금을 돌려주지 않는다. 고스란히 돈을 날리는 꼴이 된다.

셋째, 집에 가 보니 수리비가 더 나온다.

이런 경우는 매우 드물다. 하지만 만에 하나라고, 입찰 전에 꼭 임장을 가야 한다. 어떤 분의 경우, 사진에도 누수 흔적이 있고 참고 사항에도 '누수 주의'라고 적어 놨는데도 무작정 욕심을 내서 물건을 받은 적이 있다. 막상 현장에 가 보니 그 정도가 너무 심해서 아예 집을 수리해야 하는데 그 비용이 시세대로 사는 것보다 훨씬 많아서 결국 포기했다. 이런 경우도 있다.

넷째, 감정가를 너무 믿고 들어간다.

예를 들어, 감정가가 1억 원이고, 시세는 7천만 원이다. 그런데 이 물건을 8,500만 원에 받았다. 결과적으로 시세보다 비싸게 받은 것이다. 시세차익을 보려고 받은 물건인데, 팔아도 돈을 벌 수 없으니 이럴 바에는 포기해야겠다고 생각하는 것이다.

시세 조사를 제대로 했기 때문에 괜찮으리라 생각했는데, 잔금 전에 부동산에 내놓으려고 가 보니 "절대 이런 시세로 받을 수 없다."라고 말하는 것이다. 그래서 포기하는 경우다.

이런저런 이유들로 미납이 된 물건들이 많다. 그렇다면 이런 물건들에는 투자하면 안 되는 걸까? 그렇지 않다. 미납이 몇 번이든, 유찰이 몇 번 되었든 그것은 중요하지 않다. 우리가 따져야 할 것은 '수익이 되느냐, 안 되느냐'이다. 이 물건을 받았을 때 차익을 내어 돈을 벌 수 있느냐가 가장 중요하다. 그러기 위해서는 완벽한 권리분석과 안목이 필요하다. 미납만을 가지고 물건을 판단하지 말라. 정확하게 조사한 후 안전하고 수익을 볼 수 있다고 결론 내렸다면, 그런 결론을 믿을 수 있도록 시세 조사부터 정확히 해야 한다. 항상 최우선에 두어야 할 것은 '수익이 되느냐'이다. 이외 다른 요소는 우선순위가 아니다.

내 삶의 수비수가 아니라 공격수가 되기로 결심한 그날

아들이 세 살 때, 우리 가족은 노후된 빌라의 2층에 살고 있었다. 스프링클러도 없는 빌라였는데, 어느 날 건물에 불이 났다. 1층이 식당이었는데, 꺼진 화로를 식당 뒤 마당에 놓고 장사를 마치고 귀가한 모양이었다. 한밤중 누군가 문을 쾅쾅 두드려 나가 보니, 한밤중인데도 거실 창밖이 환했다.

'하아… 무슨 일이 났구나!'

불안한 예감이 들었다. 문을 여니 소방관 아저씨가 완전 무장을 한 채 "빨리 대피하라!"고 소리를 지르고 있었다. 밖은 온통 연기로 가득해 앞이 보이지 않았다. 아들을 들쳐 업고 나왔는데, 온 동네 사람들이 우리 집을 둘러싼 채 구경을 하고 있었다. 소방관을 직접 처음 본 아들은 마냥 신기해하며 좋아했지만, 그 모습을 보는 내 마음은 무너져 내렸다.

'가난은 불편한 게 아니라 위험한 거구나….'

그때 내가 하게 된 생각이었다. 그리고 1년 후, 또 두 번째

불이 났다. 노후된 빌라이다 보니 전력이 약해 여름철이면 전기가 자주 나가곤 했는데, '펑' 하는 소리에 복도로 나가 보니 복도 벽에 있던 전기계량기가 터진 것이다. 영화에서나 볼 법한 큰 불꽃이 펑펑 터지며 복도 전체를 덮쳤다. 이번에도 소방차와 한국전력이 출동했지만, 아들은 더는 좋아하지 않았다. 무서웠는지 이불을 뒤집어쓰고 끙끙거렸다. 가슴이 무너지다 못해 찢어지는 것만 같았다.

'사랑하는 아들… 겪지 않아도 될 이런 상황을 두 번이나 겪게 해서… 엄마가 너무너무 미안해. 네가 좋은 환경에서 자랄 수 있도록, 엄마가 반드시 성공할게.'

1년 전 불이 났을 때 했던 다짐이 다시 한 번 강하게 내 머리를 내리치는 날이었다.

'잘살자! 열심히, 제대로 해 보자!'

그날 이후 나는 부동산과 경제 공부에 더 매달렸다. 나는 부자가 되고 싶었다. 땡전 한 푼도 없던 내가 1,200만 원이라는 (당시에는) 큰돈을 대출받아 부동산에 투자를 하기까지… 얼마나 많은 갈등과 두려움이 있었던가. 아마 나와 같은 심정을 가진 사람이 많을 것이다. 그러나 나는 그 위기를 딛고 일어섰다. 16년 전, 지방의 소액 아파트 세 채에 투자해 전세를 맞춰 투자금을 모두 회수했고, 2년 후 매도해 1억 원이라는 돈을 손에 쥐었다. 평범한 내가 부자가 될 수 있다는 희망을 보았고, 하는 만큼 성장하는 기쁨을 알게 되었다.

나는 이제 내 삶의 수비수가 아닌 공격수가 되기로 했다. 그리고 부자가 되는 필수 공식이 있다는 걸 알고 그것을 내 몸에 장착했다.

평범한 사람이 부자 되는 5가지 공식
1. 목표를 달성할 수 있는 확신
2. 원하는 분야에서 먼저 성공한 멘토 찾기
3. 세밀한 계획
4. 실행 및 반복의 습관화
5. 절대 포기하지 않고 지속하는 열정

그때부터였을까. 세상의 차가운 그늘 아래에 있다고만 느꼈던 나는 어느새 양지바른 곳으로 나오게 되었다. 아들에게 원하는 것을 해 줄 수 있고, 더 이상 위험한 상황에 놓이지 않을 수 있고, 무엇보다 내가 아는 것으로 남을 도울 수 있다는 것. 처음 한 발을 내딛는 용기가 없었다면 불가능했을 일이다.

누구에게나 힘겨운 시기가 있다. 부동산 중에서도 '경매'라는 분야는 간절함이 없으면 도전하기 힘든 종목이다. 그래서 나는 경매에서 희망을 본다. 인생이 바닥을 치고 있다고 느끼는 사람들에게도 희망을 줄 수 있는 종목이니까. 그래서 내가 이 종목을 선택한 것이 정말 잘했다고 느낀다. 내가 그 모든 힘겨운 과정을 거쳐 왔기에 해 줄 수 있는 말도 많다. 누구의 말이든 편안하게 들어줄 수 있고 공감할 수 있다. 때로는 나를 보는 것 같아 눈물이 나고 가슴이 뭉클해지기도 한다. 그래서 늘 최선을 다해 돕고 싶고, 나 역시 그분들을 보며 다시 초심을 다지게 된다.

삶은 원을 도는 것과 같다. 돌고 돌아 같은 지점에 왔을 때 10년 전의 나와, 20년 전의 나와 똑같지 않기를 바란다. 특히 가난은 변화하려는 의지 없이 늘 똑같은 삶을 반복하는 사람을 좋아한다. 과감하게 가난의 딱지를 뿌리치고 새로운 대열에 설 준비를 해 보자. 나를 짓누르는 선입견, 소심함, 부담감을 버리고 앞으로 나아가자. 나, 세연쌤이 그 길에 작은 힘과 용기가 되어 주고 싶다.

이 책을 쓰며 도와준 모든 이들과 용기 내어 나와 함께 미래를 꿈꿔 나가는 사랑하는 소액님들, 그리고 늘 곁에서 든든한 지원군이 되어 주는 사랑하는 엄마, 아빠, 남편과 아들에게 감사의 마음을 전한다.

초판 1쇄 인쇄   2025년   02월 25일
초판 1쇄 발행   2025년   03월 07일

지은이 ｜ 김세연
펴낸이 ｜ 구본건

펴낸곳 ｜ 비바체
출판등록 ｜ 제2021000124호
주소 ｜ (27668) 서울시 강서구 등촌동39길 23-10 202호
전화 ｜ 070-7868-7849 팩스 ｜ 0504-424-7849
전자우편 ｜ vivacebook@naver.com

ISBN 979-11-93221-29-7   03320